Mückebär

und die Suche nach dem geraubten Winter

Über die Autorin

Die Journalistin und Kinderbuchautorin Anne-Friederike Heinrich liebt Kinderbuchwelten mit Figuren, die zu guten Freunden werden. Schon als kleines Mädchen hat sie sich Geschichten ausgedacht und erzählt; bis heute versenkt sie sich gern in dünnen bis mitteldicken Bändchen für junge Leser.

Anne-Friederike Heinrich arbeitete als Redakteurin für diverse Zeitungen und Zeitschriften und als Chefredakteurin eines Fachmagazins für Kommunikation, bis sie mit dem Schulstart ihrer beiden Söhne einen Traum verwirklichte: Geschichten und Gedichte für Kinder schreiben.

Geboren wurde Anne-Friederike Heinrich in Bielefeld – ein Beweis dafür, dass es die Stadt am Teutoburger Wald wirklich gibt. Seit 2006 lebt sie in der Schweiz, weil ihr das kleine Land voller Berge und Seen besser gefiel als jeder andere Ort auf dieser Welt.

www.kinderbuch-afheinrich.com

Anne-Friederike Heinrich

Mückebär

und die Suche nach dem geraubten Winter

Ein Kinderroman mit Fakten zum Klimawandel
und Klimaschutztipps für Klein und Groß

© 2020 Anne-Friederike Heinrich
www.kinderbuch-afheinrich.com

Herstellung und Verlag:
BoD – Books on Demand, Norderstedt
ISBN: 978-3-752-61135-9

Covergestaltung und Illustrationen: Anna Markfort
Buch-Innenlayout: buchseitendesign by Ira Wundram,
www.buchseiten-design.de
Ziffern im Anhang: © korzuen/Shutterstock.com

Bibliografische Information der Deutschen Nationalbibliothek:
Die Deutsche Nationalbibliothek verzeichnet diese Publikation
in der Deutschen Nationalbibliografie; detaillierte bibliografische
Daten sind im Internet über dnb.dnb.de abrufbar.

für

Lukas Christopher und Martin Maximilian

Werdet groß, ohne das Kleinsein aufzugeben.

Inhalt

1	Der Nordpol taut	9
2	Micki und seine Freunde	13
3	Pontus' Traum	18
4	Der Rat der Tiere	27
5	Mückebär und Edla	34
6	Der Matsch	39
7	Eine kurze Rast	45
8	Die Müllhalde	50
9	Wer zeigt den Weg zum entsetzlich eisigen Eisschloss?	59
10	Das Kreuzfahrtschiff	63
11	Eiskalte Touristen	68
12	Gerettet!	70
13	Der Schneesturm	75
14	Das entsetzlich eisige Eisschloss	82
15	Über tausend Treppenstufen	87
16	Finstere Eindrücke	91
17	Die weißen Türen	99
18	Wo sind die Kristalle?	102
19	Die Suche geht weiter	108

20	Der eisige Schlüssel	113
21	Ein rettender Spiegel	120
22	Die letzte Tür	127
23	Knappe Rettung	132
24	Was daheim geschah	140
25	Glückliche Heimkehr	145
26	Schnee bleib bei uns!	149

Anhang

Klimawandel: Was geht Dich das an?	154
Zehn Tipps zum Klimaschützen	155
Quellenverzeichnis	160

1   Der Nordpol taut

Mückebär trottete über den grauen, steinigen Boden. Der Kopf des winzigen Eisbären hing herab, als sei er zu schwer. Mückebär schwitzte. Ab und zu machte ein Grasbüschel seinen Tritt etwas weicher. Doch das war nicht dasselbe. Auf einer tief durchgefrorenen Schneedecke lief es sich wie auf Wolken. Mückebär konnte sich kaum noch an das wattige Gefühl unter den Pfoten erinnern. Das ewige Eis würde es wohl nicht mehr ewig geben.

»Aput kaputt, Aput kaputt, Aput kaputt …«, leierte der winzige Eisbär vor sich hin. Das war eine Mischung aus grönländisch und Bärensprache und bedeutete »um den Schnee ist es geschehen«. Dabei wackelte Mückebär mit dem Kopf hin und her wie eine verliebte Taube. Verliebtsein fühlte sich allerdings viel besser an.

Der Schweiß lief in kleinen Rinnsalen durch Mückebärs schneeweißes Fell. Das kitzelte

---

Klimafakten
und weiteres wertvolles Wissen

Das sogenannte »ewige Eis« schmilzt. Die durchschnittliche Lufttemperatur in der Arktis ist in den vergangenen 100 Jahren um fünf Grad Celsius gestiegen, das Packeis wird alle zehn Jahre zehn Prozent weniger. Geht die Entwicklung weiter wie bisher, wird die Arktis im Sommer 2050 komplett eisfrei sein. Vor zehn Jahren ging man noch davon aus, dass es erst 2070 so weit sein würde.

»Aput« ist grönländisch und bedeutet »Schnee«. Es ist eines von mehreren Worten für »Schnee« in der Sprache der Inuit.

wahnsinnig. Zum Lachen war dem winzigen Eisbären allerdings überhaupt nicht zumute. Denn er trauerte nicht nur um den verlorenen Schnee, sondern hatte auch noch mächtigen Hunger. Seit Tagen hatte er keinen vernünftigen Bissen mehr zwischen den Zähnen gehabt. Heute wollte er sein Glück am Ufer ihrer Bucht versuchen. Mückebär schaute sich um.

»Ach, was ist nur aus dir geworden?«, flüsterte er einem graugrünen Grasbüschel zu, das wie ein plattgetretener Igel neben ihm im Wind raschelte. Das Eis hatte sich schon längst von hier zurückgezogen. Silbrige Holzstücke toter Bäume schimmerten in der Sonne wie verstreute Knochen. Nur Flechten und Moose versuchten ein Lächeln in Rostrot und Blassgelb.

Von hier aus konnte Mückebär gerade noch die Stelle erkennen, an der das strahlende Eisfeld ausfranste und in schwarzen Matsch überging. Der Schlick war von tiefen Pfützen durchzogen, in denen der winzige Eisbär leicht hätte ertrinken

---

Das arktische Eis zieht sich immer weiter zurück und hinterlässt Erdreich und Wasserlachen. Auch das Inlandeis Grönlands und die gefrorenen Böden der Tundra tauen. Durch die Eisschmelze wird im Boden gebundenes Methan frei, das den Treibhauseffekt zusätzlich beschleunigt.

können. Schließlich war er kaum größer als ein Gummibärchen. Wer sich bis hierher vorwagte, musste gut schwimmen können.

Mückebär stolperte über die mit Steinen übersäte Ebene. Seine Fußsohlen waren wund, als er endlich das Ufer ihrer Bucht erreichte. Hier hatte er früher jeden Tag mit den Eisbärenzwillingen Deva und Qanik Eisschollenhüpfen gespielt. Wenn sie eine Zeit lang ausgelassen herumgetobt waren, hatten sie sich bäuchlings auf eine Eisscholle gelegt und einen Snack aus dem Wasser gefischt. Doch Eisschollen gab es hier längst keine mehr.

Dafür stand nun in der Mitte der Bucht eine Burg. Sie balancierte auf hohen, dicken Stelzen und hatte weder Türme noch Zinnen. Stattdessen erinnerte sie Mückebär an einen der großen Tanker, die immer häufiger hier vorbeifuhren. Die Burg stank gewaltig nach faulem Fisch und machte ungeheuren Krach. Außerdem färbte sie das Wasser braun und das Ufer schwarz.

Eisbären haben sich über einen Zeitraum von 250 000 Jahren darauf spezialisiert, vom Packeis aus Robben zu jagen. Im Winter fressen sie sich Fettreserven an, die sie durch den Sommer bringen. Sie können dann monatelang überleben, ohne Nahrung zu sich zu nehmen. Schmilzt das Meereis oder bedeckt es das Wasser nur noch kurze Zeit im Jahr, sinken die Chancen auf ein saftiges Stück Fleisch und die Tiere müssen hungern.

Das glitzernde Meereis reflektiert den größten Teil der Sonnenenergie. Wenn es schmilzt, tritt dunkles Wasser an seine Stelle. Dieses nimmt die Sonnenenergie auf und erwärmt sich. So schmilzt das Eis noch schneller.

Die Eisschmelze gibt auch die vielen arktischen Bodenschätze frei: Erdöl, Kohle, Erdgas, Metallerze wie Gold und Platin sowie Diamanten sind auf einmal nicht mehr vom »ewigen Eis« eingeschlossen. Erdöl und Erdgas sind äußerst lukrative Einkommensquellen für Mineralölkonzerne. Sie dringen mit ihren Ölbohrplattformen sogar in entlegene Buchten vor: Nicht nur die Bohrungen, auch Lecks in den Ölleitungen, zum Beispiel durch Frostschäden, verschmutzen für Jahrzehnte ganze Küstenabschnitte.

Mückebär vermisste das fröhliche Spiel auf dem Packeis. Er vermisste Deva und Qanik. Seit das Eis zurückgewichen war, als hätte an der anderen Seite der Erde jemand daran gezogen, hatten sich die Eisbärenzwillinge mit ihren Eltern in ihrer Höhle verkrochen. Nur ihr Vater Nanoq, der Eisbärenkönig, wagte sich manchmal noch bis zur Küste vor, – wenn der Hunger der Familie unerträglich wurde.

Mückebär seufzte und ließ sich ins flache Wasser fallen. Am Horizont konnte er die Gipfel schneebedeckter Berge erkennen. Dieser Anblick wollte gar nicht zum fauligen Geruch passen, der dem winzigen Eisbären in die Nase stieg.

2 Micki und seine Freunde

Mückebär lebte in Grönland, der kältesten nördlichen Gegend dieser Erde. Eigentlich trug der kleine Polarbär den Namen Miki. Doch alle anderen Tiere riefen ihn Mückebär, denn der Eisbär war winzig wie ein Gummibärchen – was für Eisbärenverhältnisse fast unsichtbar ist. So unsichtbar wie eine Mücke am Nordpol.

Niemand konnte sagen, wo Mückebär hergekommen war, nicht einmal er selbst. Mückebär konnte sich nur noch daran erinnern, irgendwann im Kreis der Polartiere gestanden zu haben. Alle hatten ihn interessiert angeschaut.

»Kutaa, ich bin Miki«, hatte er gesagt. Seitdem waren die Polartiere hier seine Familie. Die anderen hatten zwar behauptet, jeder habe eine Mama und einen Papa. Doch seine waren weit und breit nicht aufzufinden gewesen. Mückebär konnte sich auch nicht entsinnen, dass sich jemals jemand um ihn gekümmert

---

Grönland ist die größte Insel der Welt. Sie liegt in der Arktis, am nördlichsten Punkt unserer Erde. Der Begriff »Arktis« ist vom griechischen »arctos« abgeleitet, was »der Bär« bedeutet. Denn das Sternbild »Der große Bär« sieht man in der Arktis besonders gut.

Grönländisch
Miki: klein

Kutaa: guten Tag

Eisbären sind wie alle Bären Einzelgänger. Nur Eisbärenmütter bleiben bis zu drei Jahre mit ihren Jungen zusammen.

hatte. Sein Zuhause war der Kreis der Polartiere.

Dazu gehörten Deva und Qanik, die beiden Eisbärenzwillinge, Mückebärs beste Freunde. Am Anfang hatten die beiden immer sehr aufpassen müssen, Mückebär beim Herumtollen nicht mit ihren großen Tatzen in den Schnee zu treten. Ein paar Mal war Mückebär nur durch einen Hechtsprung einem Unglück entgangen. Doch die drei Kinder hatten sich schnell daran gewöhnt, aufeinander Acht zu geben.

Devas und Qaniks Eltern waren der Eisbärenkönig Nanoq und seine Frau Illuq. Illuq war eine stattliche Eisbärin mit schwarz glänzenden Augen und schneeweißem Fell. Das Paar sah Tochter und Sohn nicht gern mit einem winzigen, elternlosen Eisbären spielen. Doch der Freundschaft der drei hatte das nichts anhaben können.

Vor der alten Eismöwe Edla mit ihrem grimmigen Gesichtsausdruck hatte Mückebär sich lange gefürchtet. Edla sah mit ihrem grauen

---

Deva: kleine Chefin

Qanik: Schneeflocke

Nanoq: Eisbär

Illuq: Frost

Edla: edel

Rücken und dem blütenweißen Kopf und Bauch einfach hinreißend aus. Dazu trug sie rosafarbene Beine und Füße. Edla machte Mückebär auch deshalb Eindruck, weil sie ihn mit einem einzigen Happs ihres scharfen gelben Schnabels hätte wegpicken können. Mückebär hatte sich lange nicht getraut, ein Wort an Edla zu richten.

Die Eismöwe selbst sprach nicht viel. Wenn sie etwas sagte, krächzte sie heiser wie nach einer schweren Erkältung. Oder sie knarrte wie eine ungeölte Tür. Das passte überhaupt nicht zu ihrer schönen Gestalt. Doch alles, was Edla sagte, war wohl überlegt und sehr klug. Zuerst an sich zu denken, kam ihr nicht in den Sinn. Edla trat oft ruppig auf. Trotzdem hatte Mückebär höchste Achtung vor ihr. Auch Edla hatte den weißen Winzling längst in ihr Herz geschlossen. Allerdings wussten beide Tiere ihre Zuneigung gut voreinander zu verbergen.

Zur Gemeinschaft der Nordpoltiere gehörten weiter ein Walross, ein Moschusochse, zwei

Die wärmende Speckschicht, die Walrosse unter ihrer Haut haben, ist zehn Zentimeter dick.

In den nördlichen Gebieten Europas und Asiens nennt man die majestätischen Hirsche Rentiere, in Nordamerika heißen sie Karibus.

Robben bohren mit Zähnen und Zehennägeln Atemlöcher ins Eis, durch die sie während ihrer Tauchgänge Luft holen. Das machen sich Eisbären zunutze: Sie lauern an den Atemlöchern auf leichte Beute, Robben sind ihre Leibspeise.

Polarhasen sind die einzige Hasenart, die in Polargebieten lebt. Sie haben ein weißes Fell, die Spitzen ihrer Ohren sind schwarz.

Pontus ist ein schwedischer Vorname. Er ist abgeleitet von lateinisch »pontus«, was »Meer« bedeutet.

Die Haare von Polarfüchsen sind durchsichtig und hohl wie die der Eisbären. So sind Polarfüchse im Schnee perfekt getarnt und gegen Kälte geschützt.

Rentiere, ein paar Ringelrobben und mehrere Polarhasen. Alle vertrugen sich gut miteinander. Denn Pontus, der Polarfuchs, wachte aufmerksam darüber, dass keines der Tiere einem anderen etwas zuleide tat.

Nanoq hatte Pontus zu seinem Stellvertreter ernannt. Denn seit der Gründung seiner kleinen Familie fehlte dem Eisbärenkönig die Zeit, verlässlich auf den Kreis der Tiere aufzupassen. Nun war Pontus Sprecher und Ratgeber der Gemeinschaft. Die Tiere achteten den Polarfuchs wie den Bärenkönig selbst, – manche sogar etwas mehr.

Pontus war alles, was Mückebär gerne gewesen wäre: groß, schön und schlau. Pontus konnte Geschichten so erzählen, dass seine Zuhörer Hunger, Durst und Gefahr vergaßen. Seine Stimme hüllte sie ein wie schwarzer Samt. Wenn der weiße Fuchs sprach, streichelte sein buschiger Schwanz die eisige Polarluft und seine schwarz umrandeten Augen blitzten wie Diamanten in der Sonne. Es waren diese Funken, die die Herzen seiner

16

Zuhörer entzündeten. Pontus lebte allein. Doch es gab niemanden in der Gemeinschaft der Tiere, der nicht insgeheim für ihn entbrannt war. Für Pontus hätte jeder von ihnen sein Leben gelassen.

3   Pontus' Traum

Eines Tages rief Pontus alle Polartiere zusammen. Sie sollten sich kurz vor Sonnenuntergang hinter dem einzigen noch nicht geschmolzenen Eisberg einfinden. Einen Grund für diese außerordentliche Versammlung hatte Pontus nicht genannt. Aber er hatte darauf bestanden, dass wirklich alle Tiere aus ihrem Kreis dabei sein müssten.

Mückebär war kurz zuvor von einem seiner selten gewordenen Ausflüge ans Ufer ihrer Bucht zurückgekehrt. Stundenlang war er durch kniehohen Schlick gewatet und hatte doch nichts Essbares gefunden. Die Zunge hing ihm aus dem Hals. Am liebsten wäre er gar nicht zur Versammlung gegangen. Andererseits wollte er wissen, was Pontus ihnen so Dringendes mitzuteilen hatte. Gerade noch rechtzeitig schaffte er es an den Versammlungsort.

Pontus stand schon in der Mitte der Tiere auf einem wässrigen Eisblock. Hinter ihm hatte sich

Eisbärenmännchen werden bis zu 800 Kilogramm schwer, Eisbärenweibchen bis zu 400 Kilogramm.

Nanoq zur vollen Größe aufgebaut. Vor dem dunklen Abendhimmel strahlte das Fell der beiden weißer, als es eigentlich war. Die beiden Anführer blickten jedes Tier in der Runde ernst und durchdringend an. Das Gemurmel verstummte. Alles, was man nun noch hörte, war ein feines »Pitsch …, Pitsch …«. Große Wassertropfen ließen sich von dem Eisblock, auf dem Pontus stand, in den matschigen Schnee fallen. Pontus und Nanoq wechselten einen Blick und nickten einander zu. Dann holte Pontus tief Luft.

»Liebe Gemeinschaft«, sagte er sanft und feierlich. »Es taut. Das Eis, unser Eis. Jemand hat dem Schnee einen großen Schrecken eingejagt. Nun zieht er sich langsam vor uns zurück.«

In der Runde der Tiere begann ein Gemurmel. Einige reckten ratlos ihre Pfoten in die Luft. Das Walross strich sich mit der linken Flosse über seinen struppigen Bart und die langen Stoßzähne und brummte dabei. Doch als Nanoq seine schwere Bärentatze hob und Schweigen gebot,

---

Ausgewachsene Eisbären, die sich auf die Hinterbeine stellen, sind bis zu drei Meter groß, – sie könnten also einem Elefanten in die Augen blicken.

Das Fell von Eisbären erscheint weiß. Tatsächlich aber haben ausgewachsene Polarbären eine schwarze Haut, ihre Haare sind durchsichtig und hohl. Das lässt Eisbärenhaar weiß wirken und macht es zum optimalen Wärmespeicher.

Klimaveränderungen gehören zur Erdgeschichte. Langfristig passt sich die Natur sowohl wärmerem als auch kälterem Klima an. Allerdings sind Klimaveränderungen ein Evolutionsprozess. Das bedeutet: Manche Tiere werden mit den Veränderungen fertig, andere sterben aus. Am Ende steht eine neue Zusammensetzung von Arten.

Aktuell verändert sich das Klima schneller denn je. Hoch spezialisierte Arten wie der Eisbär sind vom Aussterben bedroht.

Ein Blizzard ist ein heftiger Schneesturm, in dem man die Hand vor Augen nicht mehr sieht. In Kanada nennt man Blizzards wegen des aufgewirbelten Schnees auch »Pulverfabrik«.

kehrte sofort Ruhe ein. Pontus ergriff wieder das Wort.

»Lange ist es her, dass wir Eiskristalle ausgelassen tanzen sahen, dass ein Schneesturm über unsere Ebene hinweggefegt ist, dass wir im frischen Schnee gut vor den Jägern aus dem Dorf getarnt waren.«

Die Tiere nickten reihum. Die Polarhasen ließen ihre Löffel hängen. Ja, da hatte der Polarfuchs recht. Wann hatte es das letzte Mal einen ordentlichen Blizzard gegeben? Vielleicht konnte sich die alte Edla noch daran erinnern.

»Aput kaputt«, sagte Mückebär zu sich selbst, »Aput kaputt«. Der Moschusochse hatte das gehört und nickte dem kleinen Eisbären zu.

»Wir schwitzen«, fuhr Pontus fort, »und wir hungern. Wer ans Ufer der Bucht wandert, um etwas zu Essen zu jagen, versinkt im Morast unserer tauenden Heimat. Futter finden wir dort sowieso kaum noch.«

»Auf der Müllkippe gibt es noch feine

Dinge«, rief Deva dazwischen. Der zornige Blick ihrer Mutter Illuq brachte sie sofort zum Schweigen. Sollten denn alle anderen erfahren, dass sie, die Familie des Eisbärenkönigs, ihr Essen von der Müllkippe hinter dem Dorf holten? Wie demütigend! Außerdem hatte einer der Dorfbewohner das letzte Mal auf sie geschossen, als sie dort nach Essbarem gesucht hatten. Er hatte Qanik nur um Haaresbreite verfehlt. Der Schreck saß der Bärenmutter noch immer in den Knochen. Illuq ahnte nicht, dass inzwischen jedes Mitglied ihrer Gemeinschaft seinen Hunger am Abfall der Menschen zu stillen versuchte. Und dass jeder von ihnen peinlich darauf bedacht war, dass keines der anderen Tiere davon Wind bekam.

Nun sagte niemand mehr etwas. Pontus hielt in seiner Rede inne. Manche Tiere seufzen, andere wimmerten. Einige schmatzten auch, weil ihnen die Erinnerung an etwas zu Essen das Wasser in die Mäuler trieb. Das Walross stöhnte auf und drängte sich fester in den matschigen Schnee.

Weil viele Polartiere im Wasser kein Futter mehr finden, suchen sie auf den Müllkippen der Inuitdörfer nach Essbarem. Dort fressen sie oft auch Industriefett oder Motoröl, das die Tiere langsam vergiftet.

»Inuit« bedeutet »Mensch«. Die Inuit fühlen sich von den wilden Tieren, die in ihre Dörfer eindringen, bedroht. Immer häufiger schießen sie Eisbären ab, die ihnen auf ihrer Nahrungssuche zu nahe kommen.

Mit dem Verschwinden ihrer Vorratskammern sind die Eisbären akut bedroht. Wie viele Eisbären es noch gibt, ist nicht genau erfasst. Schätzungen gehen von 22 000 bis 31 000 Tieren weltweit aus, die in 19 getrennten Populationen leben.

Für die Eisbären im Westen Kanadas ist belegt, dass sie bereits Zeichen von Schwäche zeigen: Weibchen sind unterernährt und haben zu wenig Kraft, Junge auf die Welt zu bringen oder sie zu ernähren.

Die Zähne von Walrössern können einen Meter lang werden. Das Walross nutzt sie für Rivalenkämpfe, zur Verteidigung und als Kopfstütze. Außerdem kann es mit seinen langen Hauern bis zu 22 Zentimeter dickes Eis aufbrechen.

Dabei kamen ihm seine langen Hauer in die Quere. Da ergriff Eismöwe Edla das Wort.

»Ihr habt recht, wir müssen etwas unternehmen, bevor wir alle zugrunde gehen«, krächzte sie. »Aber … wie …«, Edla trippelte hin und her und schlug mit den Flügeln, »… wie … wird es wieder, wie es einmal war? Was schlägst du vor, Pontus? Was sollen wir tun, Nanoq?«

Eisbärenkönig und Polarfuchs wechselten abermals einen Blick. Dann nickten sie einander zu. Pontus atmete tief ein, verschränkte seine Vorderpfoten vor der Brust und schaute mit hochgezogenen Augenbrauen in die Runde.

»Wir müssen den Schnee zurückholen«, sagte er dann mit seiner Stimme aus schwarzem Samt.

Den Schnee zurückholen? Die Frage hallte zwischen den Tieren wieder wie in einer klaffenden Gletscherspalte. Alle sprangen auf und liefen wild durcheinander, als ob sich in der Nähe ein Schuss gelöst hätte. Der Moschusochse glotzte die Hasen an, die Hasen die Ringelrobbe, die

Ringelrobbe die Rentiere, die Rentiere Mückebär und Mückebär Deva und Quanik. »Den Schnee zurückholen?«, wiederholte jeder von ihnen mit ratlosem Gesichtsausdruck.

Einen solchen Tumult hatte es bei einer Versammlung der Polartiere noch nie gegeben. Die Aussicht auf einen Weg aus Hunger und Elend belebte die Gemeinschaft. Allerdings verstanden die Tiere nicht, wovon Pontus und Nanoq redeten. Konnte man den Schnee denn zurückholen? Und wenn ja, warum hatten sie das nicht schon längst gemacht?

»Ruhig Freunde, ruhig«, ergriff nun Nanoq das Wort. »Lasst Pontus doch erklären!« Sofort begaben sich die Tiere auf ihre Plätze und spitzten die Ohren. Vielleicht servierte ihnen Pontus jetzt auch noch die Lösung seines Rätsels. Selbst wenn es für sie keine Hoffnung mehr gab, – die Aussicht auf eine Geschichte des Polarfuchses machte vieles erträglich.

»Ganz oben im hohen Norden, wo die Tage

Auch die Rentiere sind akut vom Klimawandel bedroht, ihre Herden schrumpfen. Die Rentiere leiden unter dem Eis, denn der aufgetaute Boden gefriert schnell wieder, sobald die Temperaturen sinken. Da Eis aber härter ist als Schnee, gelingt es den Rentieren nicht, die harte Schicht aufzubrechen, um darunter Nahrung zu finden. Viele Tiere verhungern.

am frostigsten und die Nächte am dunkelsten sind«, sagte Pontus mit sanfter Stimme, »dort, am kältesten Ort des verbliebenen Eises, steht das entsetzlich eisige Eisschloss der Eiskönigin.« Die Tiere lächelten einander zu: Sie hatten sich nicht zu viel versprochen. Die Geschichte schien spannend zu werden.

»Die Eiskönigin lässt sich mit ›Herrscherin ewige Eisblume‹ anreden«, erzählte Pontus weiter. »Ihr Schloss steht auf einem spitzen Berg und ist ganz aus Eis gebaut. Alle Wände und Böden ihrer Gemächer sind mit spiegelblanken Eisplatten belegt. So kann die Eiskönigin jederzeit ihre atemberaubende Schönheit bewundern.« Ein Raunen ging durch den Kreis der Tiere. Die »Herrscherin ewige Eisblume« musste eine umwerfende Erscheinung sein!

»Ja, die Eiskönigin ist schön.« Pontus hatte die Reaktion seines Publikums richtig gedeutet. »Aber sie hat ein gefrorenes Herz! Wie wir kann sie nicht ohne Schnee und Eis leben. Aber sie denkt nur an sich. Deshalb ist sie in einer dunklen Nacht, als wir alle tief schliefen, hierhergekommen und hat alle wirbelnden Eiskristalle eingefangen. Nun hat sie sie in ihrem Schloss in eine Kammer gesperrt, wo sie tanzen und schneien müssen.«

»Woher willst du das wissen, Pontus?« Schnarrend fiel Edla dem Erzähler ins Wort. Heute redete sie außergewöhnlich viel. Sie hatte ihre Flügel in die Seiten gestemmt und schnaubte: »Diese Winterraubgeschichte wird mir langsam unheimlich!« Ganz glauben konnte Edla das Märchen nicht, das Pontus ihnen da auftischte. Doch der ließ sich nicht aus der Ruhe bringen.

»Die Eiskönigin ist mir im Traum erschienen«, bekräftigte er. »Sie hat mich ausgelacht und uns alle verhöhnt. ›Ihr werdet nicht mehr gebraucht!‹, hat sie gerufen. Dann hat sie erzählt, dass sie alle Eiskristalle geraubt und in ihrem Schloss eingesperrt hat. Sie habe noch Schnee und Eis für ein paar tausend Jahre. Wir aber seien bald verschwunden.« Pontus' sonst so klare, feste Stimme begann zu zittern, sein heller Blick trübte sich ein. Rasch wischte er sich mit der Pfote über die Augen. »Wisst Ihr, was das Schlimmste war? Die Eiskönigin war in einen Pelzmantel aus Eisbärenfellen gehüllt, der Kragen war aus dem Schwanz eines Polarfuchses gefertigt. Und sie trug einen kunstvollen Hut aus dem Fell junger

---

Felle von Eisbärenmännchen können bis zu 2,40 Meter lang werden, in Einzelfällen bis 3,40 Meter. Felle von Eisbärenweibchen werden zwischen 1,80 und 2,50 Meter lang. Die größten Felle kommen aus Grönland, die mittelgroßen von den Küsten Sibiriens, aus Spitzbergen und von den Ostküsten Nordamerikas, die kleineren aus Labrador sowie von der Baffin und der Hudson Bay.

Die Eisbärenjagd ist eine sehr wichtige Einkommensquelle für die Inuit. Trophäenjäger bezahlen bis zu 30 000 US-Dollar für das Fell eines erlegten Tieres – das sind rund 26 000 Euro.

Doch die Europäische Union hat den Handel mit Eisbärfellen aus der Baffin Bay, einem Meeresarm zwischen Kanada und Grönland, bereits verboten, weil der Bestand der Eisbären gefährdet ist.

Meereis ist wie Meerwasser salzhaltig. Eisberge dagegen sind von Gletschern abgebrochene Eisstücke und bestehen aus Süßwasser. Schmilzt Meereis, das auf dem Wasser treibt, verändert sich der Meeresspiegel nicht. Brechen aber Eisberge von Gletschern ab, wandern ins Meer und tauen dort, steigt der Meeresspiegel an.

Dieser Effekt wird zusätzlich durch die unterschiedliche Dichte von Süß- und Salzwasser verstärkt: Tauen die gleiche Menge Meereis und Gletschereis, bleibt bei Gletschereis mehr Wasser zurück.

Wissenschaftler sagen bis zum Ende dieses Jahrhunderts einen Anstieg des Meeresspiegels von bis zu 1,5 Metern voraus.

Der steigende Meeresspiegel führt dazu, dass tief liegende Staaten langsam überspült werden. Einige tropische Inseln im Pazifik, die Malediven und Bangladesch könnten komplett überflutet werden. Aber auch die flachen Küstenregionen Polens, Holland, Sylt und die restliche deutsche Nordseeküste könnten in absehbarer Zeit »landunter« sein. New York und Schanghai stehen ebenfalls unter Wasser, wenn der Meeresspiegel um einen Meter ansteigt.

Robben, in dem noch frische Eiskristalle glitzerten …« Nun verstummte Pontus. Seine Geschichte hatte ihre Wirkung nicht verfehlt. Die Polarhasen hatten sich dicht aneinandergedrängt und warteten mit weit aufgerissenen Augen auf ihr Erwachen aus diesem schrecklichen Albtraum. Walross und Moschusochse rührten kein Haar. Deva und Quanik standen wie erstarrt in einer Schlammpfütze. Edla sah aus, als hätte jemand sie ausgestopft und lange nicht mehr abgestaubt. Mückebär konnte es nicht fassen: Wie konnte die Eiskönigin mit dem schönen Namen und dem blendenden Antlitz nur so ungeheuerlich grausam sein? Was hatten die Tiere ihr angetan? Konnten sie das Eis nicht untereinander aufteilen und gemeinsam in Frieden leben?

Ein fauliger Wind stieg dem winzigen Eisbären in die Nase. In die ratlose Stille hinein machte es »Pitsch …, Pitsch …, Pitsch …«. Pontus' Eisblock taute ungerührt weiter.

4   Der Rat der Tiere

Mückebär konnte nicht sagen, wie viel Zeit vergangen war, bis endlich wieder jemand sprach. Abermals war es Edla, die es genau wissen wollte.

»Und jetzt meint Ihr, wir sollen die Eiskristalle zurückholen?«

»Genau Edla«, antwortete Pontus mit matter Stimme. Seine Augen hatten ihren Glanz vollständig verloren und der gesamte Körper des Polarfuchses schien ein Stück zusammengesackt zu sein. Nanoq hatte die ganze Zeit wie tiefgefroren hinter Pontus gestanden. Nun verlieh er dieser einzigen Lösung Nachdruck, indem er seinen königlichen Bärenkopf hob und auf seine Brust fallen ließ.

»Wir müssen die Eiskristalle aus dem entsetzlich eisigen Eisschloss befreien und hierher zurückholen«, brummte Nanoq. »Wenn wir den nächsten Sommer überleben wollen, ist das unsere einzige Chance.«

Aber wie sollte das gehen? Die Eiskristalle aus dem entsetzlich eisigen Eisschloss zu befreien? Ohne der »Herrscherin ewige Eisblume« mit dem gefrorenen Herzen in die Hände zu fallen?

Mückebär hatte der Rede des Polarfuchses gebannt zugehört. All seine Sorgen und seinen Kummer der vergangenen Monate, seine Trauer über die veränderte Landschaft, seine Sehnsucht nach Deva und Quanik hatte Pontus in wenigen Sätzen zusammengefasst. Und er hatte auch erklären können, wie sie in diese Zwangslage gekommen waren. Die Eiskönigin steckte dahinter!

»Klar wie Fischsuppe«, dachte Mückebär. »Wir Tiere müssen unsere Zukunft in die eigenen Pfoten nehmen. Rasch. Sonst sind wir bald verloren!«

»Traut sich jemand von Euch zu, unsere Eiskristalle zurückzuholen?«, fragte Pontus in diesem Moment. Das war die entscheidende Frage!

Die Rentiere musterten betreten ihre Schalen. Die Hasen hatten ihre langen Ohren vors Gesicht gezogen. Das Walross rieb sich seinen Bart. Als es dort nichts mehr zu reiben gab,

Die Hufe der Rentiere heißen »Schalen«.

untersuchte es eingehend seine Schwanzflosse. »Jetzt nur kein Blickkontakt mit Pontus! Sonst bist du dran!«, schien jedes der Tiere zu denken.

Mückebär spürte auf einmal eine ungeheure Kraft, eine lange vergessene Energie und Stärke. Die Hoffnung auf eine Rettung aus ihrem Debakel machte ihn lebendiger denn je.

»*Ich* mache das!«, rief er so laut, dass es vom Eisberg hinter ihnen widerhallte. »*Ich* werde die Eiskristalle aus dem entsetzlich eisigen Schloss der Eiskönigin befreien. *Ich* werde den Winter zu uns zurückholen!«

»Super, super, er machts, er machts!«, jubelten die Hasen. Dabei warfen sie ihre Ohren über die Schultern, wackelten mit ihren Köpfen hin und her und hüpften im Kreis herum. Das Walross ließ von seiner Schwanzflosse ab, stützte sich mit den Stoßzähnen in den Schnee und klatschte in die Vorderflossen. Der Moschusochse grunzte zufrieden und auch die Rentiere stimmten blökend zu. Nur Edla war zu Pontus auf den Eisblock geflogen und schaute grimmig.

»Kommt überhaupt nicht infrage«, rasselte sie. »Ich bin ganz entschieden dagegen, dass Mückebär geht!« Die Hasen stoppten stolpernd ihren Freudentanz und gafften Edla an. Ihre gerümpften

Nasen ließen ihre Hasenzähne aufblinken. Das sah schrecklich dämlich aus. Dem Walross entfuhr ein lang gezogenes »Hääää?«. Auch alle anderen Tiere starrten die Eismöwe fassungslos an. Wie konnte sie es wagen, ihre Hoffnungen und ihre Erleichterung, die kaum aufgekeimt waren, wieder zu ersticken?

»Mückebär ist winzig wie ein Gummibärchen«, erklärte Edla. »Er hat im Vergleich zu allen anderen hier kaum Kraft. Wenn wir *einen* Schritt machen, sind es für Mückebär zwanzig. Wie soll so ein kleiner Eisbär zum entsetzlich eisigen Eisschloss gelangen und dort unsere Eiskristalle aus der Gewalt der grausamen Eiskönigin befreien?! Das ist purer Wahnsinn!«

»Aber …«, sagte Mückebär. Weiter kam er nicht. Illuq fiel ihm ins Wort.

»Lass ihn doch gehen und das erledigen, Edla!«, fauchte die Frau des Eisbärenkönigs. »Er hat sich freiwillig gemeldet. Also soll er den Schnee zurückbringen. Oder willst du das machen?« Illuq hatte zwei tiefe Zornesfalten zwischen ihren Augen. Mit ausgestrecktem Arm zeigte sie auf Edla und erwartete eine klare Antwort. Doch so leicht ließ Edla sich nicht überfahren.

»Den Schnee zurückzubringen ist Königssache, eine Aufgabe für Nanoq, vielleicht für Pontus«, sagte sie und wies mit ihren

Flügeln erst auf den Eisbärenkönig, dann auf den Polarfuchs. »Damit dieses Wagnis gelingt, muss man stark und gerissen sein, nicht ein kleiner Mückebär!«

»Aber ...«, versuchte Mückebär es noch einmal. Doch Edla war noch nicht fertig.

»Der Zwerg rennt in sein Verderben«, krächzte sie. Ihre Flügel zitterten. »Die Eiskristalle bekommen wir so auch nicht zurück! Wollt Ihr das wirklich riskieren?« Schon lange hatte Edla nicht mehr so viel geredet. Sie war völlig außer sich. Wie konnte die Gemeinschaft der Polartiere den Kleinsten und Schwächsten aus ihrer Mitte in dieses Abenteuer schicken? Dabei ging es um die Zukunft und das Leben eines jeden einzelnen von ihnen. Und das wollten sie Mückebär in die Pfoten legen!? Das konnte nur böse enden.

Für einen Moment sagte niemand etwas. Dann aber brach im Kreis der Tiere eine Diskussion los: Sollte Mückebär aufbrechen, um den Schnee zurückzubringen? Oder war er zu klein und zu schwach für diese Aufgabe? War er gerissen genug, sich der grausamen »Herrscherin ewige Eisblume« zu stellen? Oder würde sein kleines Fell bald als hübscher Zierrat am Mantel der Eiskönigin baumeln?

Nanoq hielt sich mit seiner Meinung vornehm zurück. Deva und Qanik versuchten zwar unter Tränen und mit einigem Geschrei, ihren Vater davon zu überzeugen, dass er ihren winzigen Freund unmöglich alleine ziehen lassen könne. Doch mehr noch als den Zorn und die Verachtung der Tiergemeinschaft fürchtete Nanoq die Wut Illuqs. Und Illuq hatte entschieden: König hin oder her, er hatte hierzubleiben. Bei ihr und den Kindern.

Edla hatte ihre Meinung kundgetan und schaute nun herausfordernd in die Runde. Sie hoffte sehr, dass ihre Freunde zur Besinnung kommen würden. Ihr Herz raste, ihre Stimme war wundgekrächzt.

※※※

Erst nach einigem Hin und Her fiel die Entscheidung: Die meisten Tiere aus ihrem Kreis fanden, Mückebär solle versuchen, die Eiskristalle zu befreien. Wenn er ohne den Winter oder gar nicht zurückkäme, könne man immer noch jemand anderen losschicken, um es mit der »Herrscherin ewige Eisblume« aufzunehmen.

»Mückebär ist zwar klein«, fasste Pontus zusammen, »aber er ist klug und sehr mutig! Wenn er den Mumm hat, es mit der

Eiskönigin aufzunehmen, soll er sein Glück versuchen. Allerdings muss ihn jemand von uns begleiten …« Pontus schaute in die Runde. Illuq mahnte ihre Familie zum Aufbruch. Das Abendessen stehe bereit. Die Rentiere glotzten blöd, als hätten sie kein Wort verstanden. Das Walross hatte sich wieder seiner Schwanzflosse zugewandt. Die Polarhasen waren offenbar schon während der Debatte verduftet. Edla ließ den Blick über ihre Freunde wandern und schüttelte den Kopf. Dann nickte sie Pontus zu.

»Pass *du* auf, dass hier nichts passiert, Pontus. *Ich* werde Mückebär zur Seite stehen. Lebe wohl! Und … ach …«, sie wischte mit dem Flügel durch die Luft, »… drück uns einfach die Daumen!« Damit schwang sich die alte Möwe elegant in den Himmel, als sei sie gerade erst aus dem Ei geschlüpft.

Pontus hatte noch etwas sagen wollen, ein Abschiedswort, einen guten Wunsch. Doch ihm blieben die Worte im Halse stecken. Gut möglich, dass er Edla und Mückebär niemals wiedersehen würde.

Mückebär hatte von dem ganzen Durcheinander und dem Streit der Tiere über seinen Einsatz nichts mehr mitbekommen. Längst war er aufgebrochen, um das entsetzlich eisige Eisschloss der »Herrscherin ewige Eisblume« zu suchen. Jede Sekunde zählte.

5   Mückebär und Edla

Als Edla Mückebär einholte, war der winzige Eisbär bereits mehrere Kilometer gewandert. Er hatte die Versammlung noch während ihres Streits verlassen, war am einzigen bislang nicht geschmolzenen Eisberg vorbeigewandert und hatte schon einen guten Teil der Ebene Richtung Norden durchquert. Früher war hier alles weiß gewesen. Inzwischen stachen überall braune und schwarze Spitzen durch die Eisdecke. Sie durchlöcherten die strahlende Weite wie ein zerschlissenes Tischtuch.

»So ein mutiger, stolzer kleiner Bär«, dachte Edla anerkennend, während sie hoch in der Luft über Mückebär kreiste. Sie hatte sich vorgenommen, dem kleinen Abenteurer zunächst einmal mit einigem Abstand zu folgen, ohne sich zu ihm zu gesellen. Schließlich wusste Mückebär nicht, dass die Gemeinschaft der Tiere sie als seine Begleiterin auserkoren hatte, und nahm an, allein unterwegs zu sein. Außerdem konnte es gut sein, dass Mückebär nach der aufregenden Versammlung seine Gedanken sortieren musste. Dabei wollte Edla ihn keinesfalls stören.

Noch etwas hielt Edla auf Abstand: Mückebär und sie hatten bisher nie viel miteinander geredet. Edla war sich nicht sicher, wie sie auf den kleinen Eisbären zugehen und wie sie ihn ansprechen sollte. Sie hatte den weißen Zwerg inzwischen lieb gewonnen. Er aber war vielleicht nicht besonders begeistert über die Begleitung einer alten Eismöwe, – zumal sie ihn vor allen anderen Tieren als klein und schwach bezeichnet hatte.

***

Mückebär brauchte eine Pause. Durch Matsch zu waten und über steinigen Boden zu laufen war anstrengend. Das wusste er schon von seinen Ausflügen ans Ufer ihrer Bucht. Nun kam hinzu, dass er keine Ahnung hatte, wie lang der Weg sein würde, der vor ihm lag. Vielleicht stand das Eisschloss der »Herrscherin ewige Eisblume« schon hinter der nächsten Kurve. Vielleicht aber war es weiter entfernt, als ihn seine kleinen Pfötchen tragen konnten.

Die Nacht hatte sich herangeschlichen. Also kauerte sich der kleine Eisbär in die Mitte eines stachligen, silbernen Grasbüschels und schloss die Augen. Doch einschlafen konnte Mückebär nicht. Seine unsortierten Gedanken kreisten über ihm wie ein Schwarm kreischender Möwen. Er war von der Versammlung der Tiere weggelaufen, bevor ihn jemand hätte aufhalten können. Er hatte Mut und Kraft im Herzen gespürt und sich unter keinen Umständen davon abbringen lassen wollen, das Schicksal der Polartiere in seine Pfoten zu nehmen. Er würde seinen Freunden beweisen, dass er nicht klein und schwach war, – auch wenn sie ihm dieses Abenteuer nur deshalb zutrauten, weil sie sich selbst nicht in Gefahr bringen wollten! Allerdings fehlten ihm ein paar Informationen: Wie sollte er das Schloss der »Herrscherin ewige Eisblume« überhaupt finden? Wie würde er hineinkommen, um die Eiskristalle zu befreien? Wie könnte er die Kristalle zur Gemeinschaft der Tiere zurückbringen? Würden sie ihm freiwillig folgen? Oder würde er sie einfangen müssen, wie es die Eiskönigin getan hatte? Vielleicht hätte Pontus noch ein paar Ratschläge für ihn gehabt. Aber nun war es zu spät, Fragen zu stellen.

Mückebär versuchte, sich an alles zu erinnern, was der Polarfuchs erzählt hatte: Das entsetzlich eisige Eisschloss der Eiskönigin stehe dort, wo der Polar am dunkelsten und kältesten sei – am »kältesten Ort des verbliebenen Eises«, so hatte Pontus sich ausgedrückt. Außerdem hatte Mückebär sich gemerkt, dass die Eiskönigin wunderschön war, ... aber auch so grausam, dass einem bei ihrer Beschreibung der Atem stockte. Von einem »Herz aus Eis« hatte der Polarfuchs gesprochen. Mückebär fuhr sich mit

der Pfote über die Schnauze, um diese Erinnerung beiseite zu wischen.

Wenn die Eiskönigin am kältesten Ort des Polarkreises zu Hause war, dann brauchte er nur der Kälte, dem sich zurückziehenden Eis zu folgen. Je kälter es würde, desto näher käme er dem Schloss der garstigen Herrin. Wenn er ihre Residenz erst gefunden hätte, würde sich alles andere von selbst ergeben. Langsam wurde das Kreischen der Gedankenmöwen leiser. Endlich fiel Mückebär in einen tiefen Schlaf.

Nicht weit entfernt, im Schutz eines verdorrten Holzstamms, wachte Eismöwe Edla über die Träume des winzigen Eisbären.

6   Der Matsch

Edla hatte tiefer geschlafen als gewöhnlich. Sie erwachte mit einem flauen Gefühl zwischen den Flügeln, als hätte sie etwas Schlechtes gegessen. Doch das konnte nicht der Grund für den Wattebausch in ihrem Magen sein. Schließlich hatte sie schon länger keine Nahrung mehr zu sich genommen.

Wie jeden Morgen begann Edla mechanisch ihr Gefieder zu putzen. Allmählich fiel ihr wieder ein, was gestern bei der Versammlung der Tiere geschehen war. Als sie mit dem rechten Flügel fertig war, wurde ihr bewusst, dass sie nicht im heimischen Nest hockte, sondern hinter einem Holzstamm irgendwo im Nirgendwo.

Da hörte sie es: Ein verzweifeltes Rufen, spitze Hilfeschreie, die sich ihr wie ein Pfeil ins Herz bohrten. Da war jemand in höchster Bedrängnis. Mit einem Mal war Edla hellwach. Mückebär?! Ein Seitenblick bestätigte Edlas Verdacht. Der kleine Eisbär hatte sein Lager schon verlassen und war weitergezogen. Natürlich ohne sie zu wecken. Schließlich wusste Mückebär nicht, dass Edla ihm gefolgt war.

Edlas Herz schlug nun so wild, als wolle es aus ihr

herausspringen. Jetzt nur nicht in Panik geraten! Immerhin hörte sie Mückebärs Stimme, – auch wenn sie dieses Geräusch alles andere als beruhigte.

»Hiiiiiiilfe!«

Die Eismöwe schoss in die Luft wie ein heißer Wasserstrahl aus einem Geysir. In zwanzig Metern Höhe legte sie sich auf eine kühle Luftströmung und ließ ihre Augen fieberhaft die Landschaft absuchen. Mückebär! Wo war er? Weit konnte er auf seinen kurzen Beinchen ja noch nicht gekommen sein. Da hörte sie es wieder:

»Hiiiiiiilfe, Hiiiiiiilfe!« Spitz und dünn klang Mückebärs Stimme. Voller Angst und Not. Aber wo war der kleine Eisbär? Edla spürte ihr Herz direkt unter ihrem Schnabel pochen. Es drückte ihr fast die Luft ab. Sie spähte. Sie lauschte. Sie sah gar nichts. Da. Zum dritten Mal:

»Hiiiiiiilfe!« Das Rufen drang aus der schwarzen Morastfläche direkt unter Edla. Hier ging löchriges, zerklüftetes Eis in Land über. In der Eisschicht hatten sich türkisfarbene Seen gebildet, die dunkle Erde war von riesigen braunen Pfützen durchzogen und völlig aufgeweicht. Aus der Luft sah es aus, als hätte jemand mit einem schwarzen Putzlappen versucht, die zerrissene Eisfläche wegzuwischen. Die unsichtbare Putzfrau hatte nicht mehr viel zu tun.

»Hiiiiiilfe, Hiiiiiilfe!« Die Schreie bohrten sich ins Edlas Herz. Wo? War? Mückebär?

Da sah sie ihn. Oder besser: Mückebärs Kopf. Der Rest des winzigen Eisbären steckte mitten in der schwarzen Pampe, nur noch Ohren und Schnauze lugten aus dem Erdbrei hervor. Mückebärs Augen waren fast so weit aufgerissen wie sein Maul mit der rosa Zunge.

»Hiiiiiilfe!«, schrie er abermals. Bald würde der Putzlappen auch Mückebär weggewischt haben. Edla durchströmte es eiskalt. Sie stach mit dem Schnabel durch die frostige Luftschicht, presste ihre Flügel an den Körper und ließ sich fallen.

»Halt aaaaaaaus!«, schrie sie. Der Morast raste auf sie zu, ein modriger Geruch schlug ihr entgegen.

Mückebär hörte ein pfeifendes Geräusch über sich. Er blickte nach oben. Im gleichen Moment, in dem er Edla erkannte, spürte er einen scharfen Schmerz im linken Ohr. Er wurde in die Höhe gerissen, mehrmals durch die Luft gewirbelt und klatschte mit einem schmatzenden Geräusch aufs Eis.

Mückebär rieb sich sein schmerzendes Ohr. Dabei starrte er

ungläubig auf die nur wenige Meter entfernte schwarzbraune, stinkende Masse, die ihn in fast verschlungen hatte. Edlas Schnabel war schärfer, als er gedacht hatte. Die Eismöwe landete neben Mückebär. Schwer atmend schauten die Tiere einander an.

»Edla, … bei meiner Seele!«, stammelte der kleine Eisbär. »Ich … Dich hat der Himmel geschickt!«

»Stimmt, … ich kam von oben«, antwortete die Möwe trocken. »Geschickt aber haben mich die anderen Tiere unserer Gemeinschaft …« Mückebär schaute sie fragend an. »Du solltest nicht allein losziehen, um den Winter zurückzuholen«, ergänzte Edla. »Sei froh, sonst wärest du in der braunen Suppe da untergegangen! Leichtsinniger kleiner Bär! … aus mit Mückebär! … aus mit Winter!«

Edla wollte auf keinen Fall sentimental werden, vor lauter Erleichterung, dass sie Mückebär gefunden und gerade noch rechtzeitig aus dem Morast gezogen hatte. Der kleine Vorwitz sollte sich nicht einbilden, dass sie sich darüber freute, dass ihm nichts passiert war. Schließlich hatte sie ihren Morgenputz seinetwegen unterbrechen müssen! Ein Unding!

So fiel das Wiedersehen der beiden Tiere frostiger aus als nötig. Dabei wäre Mückebär Edla gern um ihren schönen Hals geflogen. Und Edla hätte Mückebär am liebsten in ihre rosafarbenen Flügel gewickelt und fest an sich gedrückt.

»Am besten spülst du dir mal den Dreck aus dem Pelz«, schlug die Eismöwe stattdessen vor. »Vielleicht können wir dann endlich weiter. In dem türkisfarbenen Eiswasser kann man nämlich tatsächlich schwimmen, – im stinkenden Schlamm nicht.«

***

Als Mückebär wieder strahlend weiß aus dem eisigen Wasser auftauchte, fühlte er sich wie neu geboren. Es war lange her, dass er in eisklarem Nass geschwommen war. In ihrer Bucht leckte nur noch eine braune, von öligen Schlieren bedeckte Flüssigkeit ans Land. Zwar war dieses kühle Nass hier Schmelzwasser – und stand damit auch nicht für gute Aussichten. Trotzdem hatte der winzige Eisbär das Abtauchen genossen. Das Eiswasser hatte sogar den nagenden Hunger und die grausame Eiskönigin aus Mückebärs Kopf gespült. Doch beide warteten am Rand der Eispfütze bereits wieder auf ihn. Genau wie Edla.

»Können wir?«, schnarrte ihn die Eismöwe an. Edla war wunderschön. Außerdem hatte sie ihm gerade das Leben gerettet.

Ansonsten hätte Mückebär sich in diesem Moment bei dem Gefühl ertappen können, dass Edla ihn zu nerven begann. Er schaute der Eismöwe direkt in ihre klaren, schwarz geränderten Augen. Dann atmete er tief ein und lächelte sanft.

»Ja, Edla, wir können.«

7   Eine kurze Rast

Mückebär und Edla hatten einen Plan geschmiedet. Sie wussten über die »Herrscherin ewige Eisblume« nur zwei Dinge ganz sicher: Erstens, dass sie unsagbar grausam war, die Tiere am Nordpol waren ihr völlig gleichgültig. Daran wollten die beiden Freunde nicht denken. Zweitens, dass ihr entsetzlich eisiges Eisschloss am kältesten Ort des verbliebenen Eises stand. Also hatten sich die beiden Wintersucher vorgenommen, immer weiter Richtung Kälte vorzudringen. Dort, wo der Schnee noch nicht matschig und das Eis noch nicht löchrig war, musste das Schloss der Eiskönigin stehen. Ihr Plan stärkte Mückebärs und Edlas Hoffnung, dieses eisige Abenteuer tatsächlich bestehen zu können. Zugegeben, er war nicht besonders ausgeklügelt. Aber mehr hatten sie nicht, um sich daran festzuhalten.

Außerdem setzten Mückebär und Edla darauf, im Schloss der »Herrscherin ewige Eisblume« irgendetwas zu Essen zu finden. Eine Königin hatte vollgestopfte Speisekammern. Das wusste Mückebär aus den Märchen, die sich die Tiere abends vor dem Einschlafen erzählten. Vor allem in Pontus' Geschichten kam immer irgendwo eine Speisekammer vor, vollgestopft mit duftenden

Leckereien. Dem winzigen Eisbären lief schon beim Gedanken daran ein See im Mund zusammen.

»Is' was?«, fragte Edla, als Mückebär auf einmal zu Schmatzen begann.

»Das würde ich gern …«, antwortete Mückebär und schaute verträumt in die Ferne.

❈❈❈

Mückebär und Edla waren mehrere Tage und Nächte gewandert und geflogen. Mückebär trabte durch den Schnee, Edla flog eine Armlänge über ihm und berichtete, was sie sah. Sie sah allerdings nur wenig, also sprach sie auch nicht viel.

Ruhepausen hatten sich die beiden nur kurze gegönnt. Ab und zu, wenn Edla die Flügel müde wurden, durfte die alte Möwe auf Mückebärs Rücken reiten. Und ab und zu hatte Edla den Winzling am Nackenfell gepackt und ihn ein Stück getragen.

Ihren Durst hatten die Wintersucher mit Eiswasser stillen können. Gegessen hatten sie nichts. Inzwischen knurrten Mückebärs und Edlas Bäuche so laut, dass sie einander kaum verstanden, wenn es doch mal etwas zu besprechen gab. Einmal hatte Edla sich sogar erschrocken umgeschaut, weil sie ein wildes Tier hinter sich vermutet hatte. Doch da stand nur Mückebär mit brummendem Magen, zuckte mit den Schultern und schaute sie aus glasigen Augen an. Ließ sich nicht irgendwo ein kleines Fischlein oder ein Fetzen Fleisch finden? Es gab Tage, an denen Mückebär an nichts anderes denken konnte.

Ein weiterer langer Wandertag endete. Die Sonne versank in der Eisfläche vor ihnen wie eine Orange, die eine große Hand in den Schnee gedrückt hatte.

»Mückebär, wir müssen uns ausruhen«, rasselte Edla mitten in den Sonnenuntergang. »Lass uns ein paar Stunden schlafen. Dann haben wir wieder Kraft, um weiterzuwandern.« Der Himmel hatte sich unter dem Gewicht der Orange in zwei Streifen geteilt, in einen rosafarbenen oben und einen hellblauen unten. Das sanfte Abendlicht strömte über die Eisfläche direkt in Mückebär hinein. Es roch nach frischkalter Abendluft. Tiefe Ruhe breitete sich in dem kleinen Eisbären aus. Auf einmal spürte er, wie müde er war.

Niemals hätte Mückebär es gewagt, der schönen, klugen Edla von sich aus eine Pause vorzuschlagen. Seit er sie neben sich wusste, fühlte sich sein Weg einfacher und sein Herz leichter an. Auf keinen Fall wollte er Edla verärgern. Auf keinen Fall wollte er, dass sie ihn für klein und schwach hielt. Mut und Kraft hatten ihn auf ihrer Wanderung zwar schon häufiger verlassen. Nur durfte Edla das um nichts in der Welt erfahren. Umso dankbarer nahm der winzige Eisbär den Vorschlag der alten Eismöwe an.

»Gut Edla. Schlafen wir.« Mückebär gähnte. Er ließ sich fallen und schabte mit der rechten Pfote ein wenig Schnee beiseite. So entstand eine kleine Eismulde, in der er sich zusammenrollte. Noch bevor Edla etwas sagen konnte, war Mückebär eingeschlafen.

Edla hockte sich dicht neben ihn und plusterte ihr Gefieder auf. Sie betrachtete Mückebär mit warmem Blick und staunte über die Energie und Tapferkeit, die in diesem kleinen Eisbären wohnten. Während sie schon mehrmals daran gezweifelt hatte, dass sie es schaffen würden, den Winter zurückzuholen, ging Mückebär unbeirrt vorwärts. Nun, sie war eben nicht mehr die Jüngste. Der winzige Eisbär hatte sein ganzes Leben noch vor sich. Jedenfalls wenn sie es schaffen würden, die Eiskristalle zu befreien … Mückebär kämpfte entschlossen darum. Sie, Edla, würde den

Winzling dabei unterstützen, solange ihre Kräfte reichten. Das hatte sie sich geschworen.

Edla zog einen Fuß unter ihren rechten Flügel und kuschelte ihren Kopf tief ins Gefieder. Dann segelte sie ins Dunkel.

8 Die Müllhalde

Mitten in der Nacht erwachte Mückebär. Hatte ihn ein Geräusch geweckt? Der winzige Eisbär richtete sich auf und lauschte. Nichts. Er reckte seinen Kopf höher und spähte angestrengt ins Nachtgrau. Wieder nichts. Was hatte ihn aus dem Schlaf gerissen? Mückebär kratzte sich am Kopf. Dann schnupperte er; schnupperte und sog die Luft tief ein, die in seine Nase drang. Es roch so gut! Am liebsten hätte Mückebär gar nicht mehr ausgeatmet. Von einem Duft also war er erwacht! Das war Essen! Fisch und Fleisch!

Wie von Sinnen stolperte Mückebär auf seine Pfoten und lief los, geradewegs auf den herrlichen Duft zu. Edla zu wecken fiel ihm nicht ein. Schlafend ließ der kleine Eisbär seine treue Begleiterin am Rand der Eismulde zurück, ohne sich noch einmal umzuschauen.

Der Geruch riss Mückebär vorwärts, als zöge jemand mit aller Kraft an einer unsichtbaren Schnur um seinen Hals. Gegen diesen Sog konnte der kleine Eisbär sich nicht wehren.

»Fisch und Fleisch!« Das war alles, was Mückebär denken konnte. Sein Magen knurrte laut. Der Winzling registrierte kaum, dass er um einen Eisberg herumlief und einen kleinen Schneehügel erklomm. Der Duft wurde immer intensiver. Hechelnd stolperte Mückebär ihm entgegen. In einer Senke direkt vor ihm tauchten ein paar Häuser auf. Vor dem dunklen Morgenhimmel sahen die schwarzen Dreiecke aus wie eine Reihe spitzer Zähne. Über Häuser wusste Mückebär nicht viel. Ihm fiel ein, dass sich Polartiere besser in Sicherheit brachten, sobald menschliche Behausungen in Sicht kamen. Mückebärs Zögern dauerte trotzdem kaum einen Wimpernschlag. Zu laut schrie eine Stimme in ihm: »Friss, friss, friss!«

Mückebär galoppierte auf der Rückseite der Schneekuppe wieder hinunter. Vor der Häuserkette zeichnete sich ein flacher Hügel ab. Von dort kam der Essensgeruch. Mückebärs feine Nase hatte dem Eisbären längst gemeldet, dass der Fisch und das Fleisch, die er roch, schon halb vergammelt waren. Aber das war ihm einerlei. Sein Hunger war so groß, dass er den Fang eines ganzen Fischkutters hätte verschlingen können – samt Boot und Besatzung.

Mückebär strauchelte den Hang hinab geradewegs in die Müllhalde hinein, die sich vor den Toren des kleinen Inuitdorfes auftürmte. Fischköpfe und Knochen, Dosen mit Essensresten,

Brotstücke, faulige Algen, – es war wie im Schlaraffenland. Mückebär fraß und fraß und fraß.

✳✳✳

Als sein größter Hunger besänftigt war, bemerkte Mückebär, dass er hier nicht allein war. Drei ausgewachsene Eisbären und ein Polarfuchs wühlten ebenfalls nach Essbarem in dem Abfall um ihn herum. Zum Glück hatten sie ihn bislang nicht bemerkt. Die drei fremden Eisbären hatten ein bräunliches Fell, als seien sie nicht auf dem Eis zu Hause, sondern hier in diesem Dreck, auf diesem Müllhaufen. Plötzlich schmeckte Mückebär fauligen Fisch, die Luft roch nach verdorbenem Fleisch. Der Sonnenaufgang übergoss die Müllhalde mit einer Farbe, die Mückebär an eine Blutlache erinnerte. Dem kleinen Eisbären wurde übel. Nur weg von hier! Edla wiederfinden!

Da hörte Mückebär die Stimmen der Jäger. Zum Fliehen war es nun zu spät. Während

---

In der Polarregion dringen immer häufiger Eisbären in Dörfer ein, um auf Müllhalden nach Futter zu suchen. Die wilden Tiere sind eine Bedrohung für die Dorfbewohner. Manch eine lokale Regierung hat bereits den Notstand ausgerufen und Eltern schicken ihre Kinder nicht mehr zur Schule – aus Angst, sie könnten auf dem Weg dorthin von einem Eisbären verletzt oder gefressen werden.

Kommen Eisbären und Menschen einander in die Quere, versucht der Mensch, die Bären zu vertreiben. Früher wurden die Tiere mit Gummigeschossen, Signalraketen oder Autohupen vertrieben. Heute werden die Eisbären auch erschossen. Das passiert vor allem, wenn mehrere Tiere gemeinsam unterwegs sind und Gefahr für die Dorfbewohner besteht.

Mückebär die Abfälle der Menschen gefressen hatte, waren in einigen Häusern des Inuitdorfes Lichter angegangen. Geschrei erhob sich, Huskys bellten, Schüsse peitschten durch die Luft. Einer der braunen Eisbären jaulte auf und stürzte in den Müll. Die anderen Tiere stoben in alle Richtungen davon. Mückebär machte eine Rolle vorwärts und landete in der alten Sardinendose, aus der er gerade Fischreste geschleckt hatte. Schnell zog er den Deckel zu sich herunter und kauerte sich zitternd in den hintersten Winkel der Büchse.

»Zum Glück bin ich so klein!«, dachte Mückebär das erste Mal in seinem Leben.

***

Der winzige Eisbär wagte es erst, sich wieder zu rühren, als die Welt vor seiner Sardinenbüchse keinen Laut mehr von sich gab. Ihm war schlecht und er zitterte am ganzen Körper.

»Wie viele Tage sitze ich schon hier?«,

> Wenn Inuit einen Eisbären geschossen haben, verteilen sie das Fleisch des Tieres im Dorf. Aus dem Fell wird Kleidung hergestellt, meistens Hosen für die Männer.

flüsterte er zu sich selbst und rieb seine Beine. Dabei erhob sich über der Müllhalde noch immer derselbe Morgen. Draußen hörte Mückebär eine Möwe kreischen. Schnell schickte er den inständigen Wunsch in die Höhe, der Schreihals möge Edla sein.

※※※

Die Eismöwe hatte halb erwacht die Schüsse der Jäger gehört. Schnell hatte sie ihr Halbschlaf-Kontroll-Auge geöffnet: Mückebärs Eismulde war leer. Der Kleine musste schon wieder in Schwierigkeiten sein! Sofort stürzte Edla sich in die Lüfte und flog der Ballerei bis zur Müllkippe nach. Ein fauliger Gestank schlug ihr entgegen; der Eismöwe drehte sich fast der Magen um.

Auf dem Müllhaufen tummelten sich etliche ihrer Artgenossen. Der Himmel vor der aufgehenden Sonne war weiß von ihnen. Die Möwen schlugen schreiend mit ihren Flügeln und hackten aufeinander ein. Jede wollte das beste Stück dieses Drecks für sich. Vor allem um den frischen Kadaver eines dreckigen Eisbären war lautstarker Streit entbrannt. Dazwischen lauerte ein Polarfuchs auf Beute. Hoffentlich hatten die Tiere Mückebär nicht schon erwischt! Sie mussten ihn für einen Appetithappen halten.

Edla landete auf einer rostigen Tonne, ein paar Eisbärenlängen von der Möwenschlägerei entfernt. Sie stolzierte durch den Unrat und pickte hier und da ein paar gammlige Happen, um nicht länger durch ihren laut knurrenden Magen aufzufallen. Dabei rief sie leise nach ihrem Freund. Als Edla an einer goldfarbenen Büchse mit verbogenem Deckel vorbeihüpfte, sprang die plötzlich auf. Edla flatterte hoch.

»Meine Güte!« Die Eismöwe schlug ihre Flügel vor die Brust. Aus der Büchse kletterte Mückebär.

»Tadaaaaa!« Der winzige Eisbär breitete die Arme aus und lachte.

»Da bist du ja, na endlich!«, schnarrte Edla. »Hast du mich erschreckt.« Mückebär hatte schon wieder dringend ein Bad nötig: Er war ölverschmiert und auf seinem Kopf klebte eine winzige Gräte. Edla lachte leise, so komisch war dieser Anblick.

»Gleichfalls«, knurrte Mückebär. Aber er strahlte dabei, als sei die Gefahr mit Edlas Auftauchen bereits gebannt.

Plötzlich knallten wieder Schüsse hinter dem Müllberg. Hunde bellten. Die Jäger waren zurückgekehrt, um den Eisbären zu holen. Schnell weg! Kurzentschlossen packte Edla Mückebär beim Nackenfell und schwang sich mit ihm in die Luft.

»Von oben erscheint das Dorf ganz friedlich«, dachte Mückebär. Da sah er, wie sich die Jäger an dem braunen Eisbären zu schaffen machten, der im Abfall liegen geblieben war. Fest kniff er die Augen zu und ließ sich davontragen.

Edla drehte über dem Müllberg bei. Dabei wäre sie beinahe mit einer anderen Möwe zusammengestoßen, die auf der Flucht vor den Schüssen in Edlas Flugbahn geraten war. Die alte Eismöwe wollte die Fluganfängerin gerade anherrschen, sie solle besser aufpassen und ein paar Übungsstunden nehmen. Da erinnerte sie sich an Mückebär, der vorne in ihrem Schnabel klemmte … schnell spannte sie ihren kleinen Freund noch etwas fester ein.

Edla flog über die Schneehalde, stieg höher und überwand den Eisberg. Langsam ließ der Gestank nach. Unter ihnen sauste die Stelle dahin, an der sie übernachtet hatten. Edla flog und flog. Immer weiter und immer weiter flog sie, weg vom Ufer, weg vom blauen Himmel, weg von den Häusern, weg von den Menschen. Nur weg von hier. Weg von allem, was passiert war. Einfach hinein ins kalte, klare Weiß.

Edla landete erst, als das Bild des Müllbergs in ihrem Kopf zu verblassen begann. Sie konnte wieder an etwas anderes denken als an den toten Eisbären, den die anderen Eismöwen und schließlich die Jäger zerpflückt hatten. Die Schüsse hallten nicht mehr in jedem Winkel ihres Kopfes wider. Vorsichtig setzte Edla Mückebär im Schnee ab. Es war gut, ihren winzigen Passagier loszuwerden. Ihr tat langsam der Schnabel weh. Außerdem konnte sie der Versuchung kaum noch widerstehen, ihren kleinen Freund einfach hinunterzuschlucken. Mückebär duftete nämlich wundervoll nach Sardinen.

9 Wer zeigt den Weg zum entsetzlich eisigen Eisschloss?

Mit vollem Bauch scheint jedes Abenteuer weniger gefährlich. Das spürten Mückebär und Edla schnell, nachdem sie ihr Erlebnis auf der Müllkippe verdaut hatten. Gestärkt und froh, bis jetzt glimpflich davongekommen zu sein, liefen und flogen sie zügiger voran als je zuvor. Langsam wurde es Zeit, das Schloss der Eiskönigin »Herrscherin ewige Eisblume« zu finden.

Die beiden Freunde waren schon länger nicht mehr an Moosen, Ästen und Steinen vorbeigekommen, hatten schon länger keine morastigen Flächen mehr überqueren müssen und auch Pfützen waren nicht mehr zu sehen. Die Landschaft wurde hügliger, in der Ferne gaben sich Gipfel hoher, weißer Bergspitzen zu erkennen. Einer nach dem anderen trat aus dem Dunst des Horizonts hervor.

Alles um Mückebär und Edla herum war schneeweiß. Mückebär drehte sich links herum: weiß. Mückebär drehte sich rechts herum: weiß. Mückebär schaute über sich: Weiß bis auf Edlas orangefarbene Beine. Mückebär schaute unter sich: weiß. Seine Pfötchen waren im pulvrigen Schnee eingesunken und fühlten sich fantastisch an. Er wackelte vorsichtig mit den Zehen. Alles weiß – ein gutes Zeichen! Ein gutes Zeichen dafür, dass sich die beiden Wanderer auf dem richtigen Weg befanden. Auf dem Weg zum kältesten Ort des verbliebenen Eises, wo das entsetzlich eisige Eisschloss zu finden sein musste. Und in ihm der geraubte Winter.

»Sag Edla, was siehst du dort oben?«, rief Mückebär zu Edla hinauf. »Hier unten ist alles weiß.«

»Hier oben auch«, schnarrte Edla. »Weiß in allen Himmelsrichtungen.«

»Und was siehst du sonst?«

»Nichts, überhaupt nichts.«

»Keine Erde, kein Wasser, keine Siedlung, kein Schiff?«

»Üüüüüüüüberhaupt nichts! Nichts außer Weiß.«

Das war fantastisch! Und zum Verzweifeln. Denn wenn man nichts sah außer Weiß, wie sollten sie das Schloss der Eiskönigin dann jemals finden? Dieser Gedanke durchfuhr Mückebär wie heiße Glut. Und wenn das Schloss tatsächlich ganz aus Eis gebaut war, – so hatte Pontus es beschrieben, – dann war es durchsichtig! Also unsichtbar! Mit viel Glück würden sie sich an dem Hindernis den Kopf stoßen und so förmlich über das entsetzlich eisige

Eisschloss stolpern. Mit noch mehr Glück würde es anfangen zu schneien. Dann würde der Schnee, der sich aufs Schloss senkte, eine feine weiße Linie um den Wohnsitz der »Herrscherin ewige Eisblume« zeichnen und ihn einen Moment lang sichtbar machen. Viel wahrscheinlicher aber war, dass sie am Schloss vorbeilaufen würden. Mückebär sah sich und Edla im Geiste über die Insel irren, von Ufer zu Ufer, vom Matsch ins Weiß und wieder in den Matsch. Vielleicht kämen sie hundert oder tausend Mal am Schloss vorbei, ohne es auch nur zu bemerken.

Wenn sie das entsetzlich eisige Eisschloss überhaupt irgendwann fänden, dann nur mit allem Glück dieser Welt. Zudem würde die Suche ewig dauern. Dabei lief ihnen die Zeit davon! Doch ohne den Winter konnten sie nicht zur Gemeinschaft der Polartiere zurückkehren, so viel war klar. Diese Enttäuschung würde keiner ihrer Freunde überleben. Ebenso wenig wie das Fehlen des Winters.

»Du Edla«, rief Mückebär verzweifelt hinauf. »Wie sollen wir das entsetzlich eisige Eisschloss jemals finden?«

»Keine Ahnung«, knarrte es herunter. »Einen Wegweiser wird die Eiskönigin nicht aufgestellt haben! Vielleicht treffen wir ja jemanden, der den Weg kennt.«

»Siehst du denn irgendwen?«

»Nein Mückebär, ich sehe nichts! Und niemanden!«

Mückebär und Edla brauchten dringend ein Wunder – und das auch noch möglichst rasch.

10 Das Kreuzfahrtschiff

Auf einer dicken Eisscholle im nahe gelegenen Packeis legten Mückebär und Edla eine Rast ein. Es duftete nach Schnee und frischem Wasser. Die Schneeplatten glitzerten im tiefblauen Fjord noch strahlender als die Sonne selbst. Die Kühle und der Frieden dieser klaren Weite durchströmten die beiden Wintersucher. Edla fing sich ein paar Fische, Mückebär stärkte sich an würzigem Robbenfleisch. Wie herrlich, wenn Edlas und Mückebärs Abenteuer hier zu Ende sein könnte.

Die gleißende Sonne stand direkt über den beiden Polartieren, doch sie strahlte freundlich. Ihre Hitze, die oft so ungnädig sein konnte, war nicht zu spüren. Nach ihrem ausgiebigen Mahl drückten Edla und Mückebär ihre prallen Bäuche in den Schnee und hingen eine Weile ihren Gedanken nach.

Wie war es ihren Freunden im Kreis der Polartiere in der Zwischenzeit ergangen, fragte

Ein Fjord ist ein lang gestreckter Meeresarm, der tief ins Landesinnere hineinreicht. Fjorde entstehen durch Gletscher, die Richtung Meer wandern.

sich Mückebär. Wie ging es Deva und Qanik? Dachten sie manchmal an ihn? Vermissten sie ihren Spielkameraden? Waren sie auf der Müllkippe wieder in Gefahr geraten, so wie es auch ihm und Edla geschehen war? Oder hatten sie und ihre Eltern es aufgegeben, in den Abfällen der Menschen nach Essen zu suchen?

Was machte Pontus, überlegte Edla. Konnte er die Gemeinschaft der Tiere zusammenhalten? Konnte er die Polartiere mit seinen Geschichten ablenken und davor bewahren, vor Hunger übereinander herzufallen? Wie viel Zeit blieb ihnen noch, um den Winter zurückzubringen? Wie viel Zeit, bevor die Polartiere verloren waren?

Warteten die anderen Tiere sehnsüchtig auf ihre Rückkehr, grübelte Mückebär. Glaubten sie daran, dass die beiden Freunde den Winter zurückbringen würden? Oder hatten sie Edla und ihn längst aufgegeben? Vielleicht hatte es zu Hause inzwischen gefroren und geschneit. Dann war ihre Reise zum kältesten Ort des

Der Klimawandel macht den etwa 22 000 bis 31 000 Eisbären, die es weltweit noch gibt, schwer zu schaffen. Ihr Lebensraum verändert sich derart schnell, dass den Tieren kaum Zeit bleibt, sich an die neuen Lebensbedingungen anzupassen.

verbliebenen Eises zwar immer noch gefährlich. Aber nicht mehr wichtig.

Wie grausam war die Eiskönigin wirklich, sinnierte Edla. Wie würden sie ins Schloss gelangen, wenn sie es endlich gefunden hätten? Würden die Eiskristalle ihr und Mückebär überhaupt nach Hause folgen? Vielleicht verstanden sie sich gut mit der »Herrscherin ewige Eisblume« und wollten gar nicht zu den Polartieren zurückkehren. Was täten sie dann?

Während Mückebär und Edla ihren Gedanken nachhingen, war die Eisscholle, auf der sie sich ausruhten, ein Stück auf den Fjord hinausgetrieben. Vielleicht hatten die beiden Freunde nicht nur nachgedacht, sondern auch ein wenig geträumt.

»Siehst du, was ich sehe?«, knurrte Edla plötzlich. Mückebär zuckte zusammen.

»Was denn?«

»Na dieses Blinken! Und Blitzen. Und Schillern.« Edla wurde ungeduldig.

»Ich sehe nichts, Edla. Wo denn?« Mückebär richtete sich auf und schaute sich um. »Da! Natürlich!« Jetzt sah der winzige Eisbär, was die Eismöwe meinte. Nicht weit von ihnen blinkte etwas in der Sonne, fast wie Pontus' Augen beim Geschichtenerzählen.

Das Etwas blendete Mückebär und Edla mit grellen Lichtstrahlen, die immer wieder in ihre Richtung schossen. Mückebär musste sich zwingen, überhaupt hinzuschauen. Dabei kniff er seine Augen so weit wie möglich zusammen, um sie vor dem stechenden Licht zu schützen.

Die Blitze gingen von einem lang gezogenen, weißen Gebäude aus, das sich vor ihnen aus dem Wasser erhoben hatte. Wo kam dieses Ding auf einmal her? Sie mussten weit abgetrieben sein – und ihre Gedanken noch viel weiter!

Der Bauch des Bauwerks war von einem gelben Streifen und unzähligen runden Fenstern gesäumt. Seine spitze Nase und die hohe Stirn ragten leuchtend aus dem dunkelblauen, eisschollengesprenkelten Fjordwasser.

»Das ist das Schloss der Eiskönigin, Edla!« Plötzlich verstand Mückebär. Er machte einen Luftsprung, der ihre Eisscholle heftig ins Schwanken brachte.

»Hey!«, schnarrte Edla. Fast wäre sie ins

<aside>
Der Klimawandel lässt das Eis schmelzen – und damit die Lebensgrundlage der Polarbären. Zusätzlich werden die Eisbären durch die Verschmutzung der Meere und durch die zunehmende Schifffahrt bedroht. Nicht nur Handelsschiffe, die Waren hin und her transportieren, machen den Eisbären ihren Lebensraum streitig. Auch Kreuzfahrtschiffe voller Touristen dringen in immer entlegenere Winkel der Arktis vor.

Jedes Jahr reisen neun Millionen Touristen aus der ganzen Welt in die Arktis, vor allem um Wale zu beobachten.
</aside>

Wasser geplumpst. Schließlich stand sie nur auf einem Bein. Doch der winzige Eisbär war zu aufgeregt, um der Beschwerde Beachtung zu schenken. Er redete so hastig, dass er sich fast an seiner Zunge verschluckte.

»Die Fenster des Schlosses sind doch ganz aus Eis, Edla. Weißt du noch? Das hat Pontus erzählt! Sie blinken in der Sonne und blenden uns!«

»Könnte sein …«, rasselte Edla. Dabei verzog sie das Gesicht und legte ihren Kopf schief. »Aber … warte mal Mückebär …«, doch da hatte sich der kleine Eisbär schon kopfüber ins Eiswasser geworfen und kraulte auf das zwischen den Eisschollen liegende Kreuzfahrtschiff zu. Mückebär schwamm so schnell, als sei ein Walfänger unter Volldampf hinter ihm her.

Walfänger heißen nicht nur die Menschen, die Wale fangen. Auch deren Boote, mit denen sie Jagd auf die kolossalen Tiere machen, werden als »Walfänger« bezeichnet.

11 Eiskalte Touristen

Mückebär spürte, wie sich unbändige Kräfte in ihm aufbäumten. Endlich hatten sie das Schloss der Eiskönigin gefunden! Nicht mehr lange, dann würde es so weit sein: Er würde die Eiskristalle befreien und zu seinen Freunden zurückbringen! Wie würden sie ihm alle zujubeln. Keiner von ihnen würde jemals wieder behaupten, er sei zu klein oder zu schwach, wofür auch immer.

Die Muskeln des winzigen Eisbären spannten sich wie Stahlseile. Das eisige Wasser spülte Müdigkeit und dumpfe Gedanken aus Pelz und Kopf. Mühelos driftete Mückebär in rasendem Tempo zwischen den Eisschollen hindurch und direkt auf das spitznasige Gebäude zu. Mit einem eleganten Hechtsprung schoss der Winzling aus dem Wasser. Er landete mitten auf der Eisscholle, auf der die meisten Blitze hin und her zischten. Eine kräftige Windung seines Körpers ließ das Eiswasser aus seinem Pelz schießen. Das Geschrei begeisterter Menschen hörte Mückebär zu spät. Zu spät roch er die Gefahr. Zu spät hörte er Edlas Rufe, er solle sofort umkehren. Zu spät.

Ein Hagel aus Blitzen brach über den winzigen Eisbären herein. Mit aufgerissenen Augen starrte er in das Licht. Es stach in seine Pupillen und schlug in seinen Schädel ein, als fielen Felsbrocken auf seinen Kopf. Weiße, gelbe und hellblaue Fetzen flogen vor Mückebärs Augen hin und her. Das Menschengeschrei zerriss ihm fast die Ohren. Die Jäger auf der Müllhalde kamen ihm in den Sinn. Nun war es aus mit ihm!

»Ins Wasser gleiten lassen, versinken«, konnte er gerade noch denken. Doch er war unfähig, sich zu rühren. Wie blind starrte der kleine Eisbär in das Blitzlichtgewitter, von unzähligen Lichtnadeln auf dem Eis festgesteckt. Das letzte, was Mückebär spürte, war ein scharfer Schmerz im linken Ohr. Die tausend Lichter wurden weißer als Schnee. Das Geschrei verstummte. Dann wurde es dunkel.

Das Gehör von Eisbären ist äußerst empfindlich. Eisbären können zum Beispiel beurteilen, wie dick eine Eisfläche ist, indem sie auf das Eis schlagen und die Reflexionen des Geräuschs im Wasser hören. Ihre Sehkraft dagegen entspricht etwa der des Menschen.

12 Gerettet!

Ein neuerlicher gemeiner Schmerz von der Nasen- bis zur Stummelschwanzspitze ließ Mückebär wieder erwachen. Diesmal war Edla dafür verantwortlich. Seine Möwenfreundin pickte mit ihrem gelben Schnabel auf den Körper des winzigen Eisbären ein.

»Mücke-, Mücke-, Mückebär, wach' mal auf, das ist nicht schwer!«, reimte sie. »Mücke-, Mücke-, Mücketier, wach' mal auf, ich brauch Dich hier! Mücke-, Mücke-, Mückefreund ...«

»Aua, Edla, hör auf damit – ich bin ja schon wach!« Mückebär stöhnte. Sein ganzer kleiner Körper tat ihm weh, innendrin und außen. Das waren eindeutig zu viele Schmerzen für so wenig Fläche. »Was ist passiert?«, fragte er seine Freundin. Er konnte sich an nichts erinnern.

»Keine Ahnung!«, türknatschte Edla. »Du bist auf dieses Kreuzfahrtschiff zugeschwommen. Du wurdest fotografiert. Dann warst du

---

Wie alle Bärenarten haben auch Eisbären nur einen Stummelschwanz. Er wird zwischen sieben und 13 Zentimetern lang. Das ist etwa doppelt so lang wie Dein kleiner Finger.

bewusstlos! Oder tot. Ich weiß es nicht genau. Auf jeden Fall dachte ich, unsere Reise sei beendet.« Mückebär schüttelte sich. Doch er wurde den Schrecken nicht los, der aus seiner Erinnerung zäh an ihm hochkroch.

»Red' keinen Quatsch, Edla. Das war ein Schiff? Der weiße Bau mit den vielen Fenstern und der spitzen Nase?« Mückebär runzelte seine Stirn.

»Ein Schiff voller Touristen.« Edla nickte. »Die haben sich riesig gefreut, einen winzigen Eisbären zu sehen. Noch dazu einen, der direkt auf sie zuschwimmt…« Über diesen Seitenhieb der Eismöwe ging Mückebär hinweg.

»Tou-ris-ten«, sagte er mehr zu sich selbst als zu Edla. Dieses Wort hatte er noch nie gehört. Dabei rieb er sich mit der Pfote die schmerzende Stirn. »Und die Blitze?«

»Die kamen von den Kameras. Damit machen Touristen Bilder. Von so ziemlich allem, was sie sehen. Der Blitz schlägt in Dich ein und so kriegen sie ein Stück von dir aufs Bild. Glaube ich.« Edla konnte wirklich alles erklären.

»Ach darum tat das so weh. Zum Glück haben sie nicht alles von mir wegfotografiert!«, sagte Mückebär und lächelte gequält.

»Warum bist du nicht abgehauen?« Edla klang vorwurfsvoll.

Sie streckte ihre Flügel gen Himmel und ließ sie dann gegen ihre Beine klatschen. »Ich habe die ganze Zeit geschrien, du sollst fliehen, aber du hast dich nicht von der Stelle gerührt.« Mückebär konnte sich nicht erinnern, Edla etwas rufen gehört zu haben. »Schließlich bin ich zu dir geflogen, habe Dich am Ohr geschnappt und hierher getragen. Von dem Geblitze wäre ich beinahe abgestürzt … das wäre ein tolles Urlaubsfoto geworden!«

Mückebär lief bei dieser Vorstellung ein kalter Schauer über den Rücken. Er musste schlucken. Seine Glieder fühlten sich an wie Blei. Auch der Eismöwe hatte die Rettungsaktion zugesetzt. Eine ganze Weile sagte keiner von beiden etwas.

**

»… und … Edla, wo ist jetzt das entsetzlich eisige Eisschloss der ›Herrscherin ewige Eisblume‹?«, brach Mückebär schließlich das Schweigen.

»Tja, das haben wir offenbar immer noch nicht gefunden«, antwortete Edla. »Dafür hätten wir fast eine Kreuzfahrt gemacht!«

Froh, Mückebär gesund bei sich zu wissen, lief Edla wieder zu zickiger Höchstform auf. Diesmal aber stieg ihr winziger

Freund nicht auf ihre Sticheleien ein. Zusammengesackt und zerzaust saß er vor ihr im Schnee und wirkte noch kleiner, als er ohnehin schon war. Er brauchte Zärtlichkeit und Pflege. Eine ungewohnte Wärme breitete sich in Edla aus.

»Du musst jetzt erst einmal wieder zu Kräften kommen, Mückebär«, sagte sie. »Sonst schaffen wir es nie, den Winter nach Hause zurückzuholen. Schau hier«, Edla hatte ein paar Fische gefangen, die sie vor Mückebär fallen ließ. »Friss die und dann schlaf ein wenig! Ich habe dort hinten eine alte Geburtshöhle gefunden. Dort sind wir sicher. Komm!«

Mückebär schaute Edla aus glasigen Augen an. Er wäre lieber sofort weitergewandert. Aber tatsächlich fand er keine Stelle an seinem Körper, die ihm nicht auf irgendeine Weise wehtat. Er musste sich eingestehen, dass er nach allem, was sie erlebt hatten, eine Pause brauchte. Edla hatte völlig recht und durfte das auch ruhig wissen. Schließlich waren der winzige Eisbär und die

Eisbärenweibchen, die Nachwuchs erwarten, beziehen etwa einen Monat vor der Geburt ihrer Jungen eine Geburtshöhle. Sie besteht aus einer Vertiefung, die in den Boden gegraben und mit Schnee überwölbt wird. So entsteht ein einen bis drei Meter langer Tunnel mit einer ovalen Kammer. Die Weibchen halten in der Geburtshöhle ihren Winterschlaf, bringen dort ihre Jungen zur Welt und verlassen sie erst im Frühjahr gemeinsam mit ihrem Nachwuchs.

knorrige alte Eismöwe auf ihrer Suche nach dem Winter längst Freunde geworden.

13 Der Schneesturm

Irgendwann, weit in der Mitte des nächsten Tages, erwachten die beiden Wintersucher im Schutz der Geburtshöhle. Sie hatten dicht aneinandergekuschelt geschlafen, fühlten sich erfrischt und voller Tatendrang. Mückebär zog vorsichtig seine verschlafenen Glieder auseinander. Die Schmerzen waren verschwunden.

Edla schüttelte wie jeden Morgen ihr Federkleid auf und fing an, es zu putzen. Bei diesem Ritual störte man sie besser nicht, das wusste Mückebär inzwischen. Edla konnte da sehr giftig werden. Doch was war das? Es jaulte und heulte, pfiff und zischte vor dem Eingang ihrer Höhle.

»Hoffentlich nicht wieder diese Tou-ris-ten, oder wie die heißen«, dachte Mückebär. Er wollte Edla nicht die Laune verderben, indem er ihre Putzzeremonie störte. Doch nach dem Zwischenfall auf der Müllkippe hatten sie einander versprochen, dem anderen immer zu sagen, wo sie hingingen.

»Ich schaue mal nach, woher diese Geräusche kommen«, flüsterte Mückebär der Eismöwe vorsichtig zu.

»Von draußen würde ich wohl meinen«, schnarrte Edla

erwartungsgemäß zickig zurück. Sie war einfach noch nicht richtig wach und wollte jetzt wirklich nicht gestört werden!

Das Johlen und Sausen kam Mückebär seltsam vertraut vor. Doch es wollte ihm nicht einfallen, wann und wo er solche Geräusche schon einmal gehört hatte. Es musste eine weit zurückliegende Erinnerung sein, die sich da meldete – vielleicht aus der Zeit, zu der er noch eine Mama und einen Papa gehabt hatte?

Mückebär robbte auf die Höhlenöffnung zu. Er hatte sie noch nicht erreicht, da wurde er schon von einem herrlich eisigen Wind erfasst. Der wirbelte ihn einmal durch die Luft und warf ihn dann wieder zu Boden. Das durfte doch nicht wahr sein! Ein Schneesturm! Was für eine Begrüßung am Morgen! Mückebär rappelte sich wieder auf und sortierte sein durcheinandergewirbeltes Fell. Dann schlug er seine scharfen Krallen wie Steigeisen in die gefrorene Höhlenwand. Er würde sich nicht noch einmal

Eisbären haben an jeder Tatze fünf Zehen. An jeder Zehe sitzt eine starke, gebogene, nicht zurückziehbare Kralle.

durch die Gegend blasen lassen! Stück für Stück hangelte er sich bis zum Eingang vor. Ohne diesen Krallentrick hätte ihn der Gegenwind mit einem Atemzug bis zu Edla zurückgeblasen.

Erwartungsvoll wie ein kleines Kind, das ein Geschenk öffnet, streckte Mückebär seine schwarz glänzende Nase nach draußen. Tatsächlich! Sein heißester Wunsch erfüllte sich: Es schneite. Und das war vorsichtig ausgedrückt. Abertausende Eiskristalle prasselten kichernd und singend auf Mückebär nieder. Sie ritten jubelnd auf Windböen, kitzelten seine Schnauze und tanzten lachend durch seinen Pelz. Es roch nach frischem Schnee und großer Zuversicht.

Der Höhleneingang war fast zugeschneit. Um sehen zu können, was sich vor der Höhle abspielte, musste Mückebär eine Schneeverwehung erklimmen. Als er dort oben stand, konnte er kaum atmen, so stark stürmte es. Und viel mehr sah Mückebär auch von hier oben nicht. Nichts außer neuen, frischen, weichen Schnee, soweit seine kleinen Augen reichten. Der winzige Eisbär drehte eine Pirouette und schlidderte die Schneeverwehung hinab ins Innere der Höhle.

»Edla, ein Schneesturm!«, wollte er schreien. Aber er

verschluckte sich an seiner eigenen Freude und musste erst einmal kräftig husten.

»Hast du dich schon erkältet, kleiner Eisbär?« Edla stand bereits im Höhleneingang und lächelte Mückebär glücklich an. Nachdem sie ihre Gefiederpflege beendet hatte, war die Eismöwe ihrem Freund gefolgt. Schnell hatte sie das wohlbekannte Sausen wiedererkannt, das vom Höhleneingang zu ihr drang: Luft, die Eiskristalle überall hintanzen lässt. Sie hatte es kaum glauben können. Nun sah Edla, dass ihre Sinne sie nicht getäuscht hatten. Ihr Herz machte einen Luftsprung, beinahe wäre sie davon abgehoben. Einen Wimpernschlag lang legte Edla ihren rechten Flügel um Mückebär und drückte ihn an ihre Brust. Dann schob sie ihn wieder von sich, als hätte sie sich am weichen Eisbärenfell verbrannt. Nun hüstelte auch die Eismöwe.

»Offenbar sind wir dem entsetzlich eisigen Eisschloss schon ganz nah«, sagte sie, ohne Mückebär anzuschauen. »Denn wenn es hier schneit, müssen auch die geraubten Eiskristalle in der Nähe sein.« Mückebär kam eine Idee. Ohne auf Edla Vermutung zu reagieren lief er wieder zum Höhleneingang.

»He, ihr Eiskristalle!«, rief er in den wirbelnden Schnee. »Seid Ihr diejenigen, die die Eiskönigin bei den Polartieren entführt hat?

… wo ist der Rest von Euch? … könnt Ihr uns sagen, wo das Schloss der wunderschönen Eiskönigin steht?« Natürlich hätten die Eiskristalle das gekonnt. Doch als Antwort erhielt Mückebär nur ein silberhelles Kichern. Die Kristalle waren viel zu beschäftigt: Sie wirbelten und stürmten, sangen und jubelten, als hätten sie die Fragen des kleinen Bären nicht gehört. Mückebär warf Edla einen enttäuschten Blick zu. Seine Freundin legte den Kopf schief und zuckte mit den Schultern.

»Na ja, es hätte ja funktionieren können«, versuchte sie Mückebär zu trösten. »Der Einfall war jedenfalls nicht schlecht.«

***

Es dauerte lange, bis der Schneesturm sich legte. Früher hatten Mückebär und Edla bei solchem Wetter erst eine Menge gegessen und dann ein paar Runden geschlafen. Jetzt aber war nichts zu Essen da. Doch vor allem hatten die beiden so lange keinen Schnee mehr gesehen, der gerade fällt, dass sie keine Flocke davon verpassen wollten.

Die beiden Freunde tollten im frischen Schneepuder herum.

Mückebär wälzte sich im weichen Weiß und grub unzählige kleine Höhlen, in die nur er hineinpasste. Edla versuchte, ihn vor der weißen Leinwand wiederzufinden. Doch Mückebär kniff gut versteckt auch seine Augen fest zu. So war der einzige Hinweis für Edla, wo der kleine Eisbär stecken könnte, seine schwarze Nase. Doch auch die wurde immer wieder von den wirbelnden Eiskristallen verschluckt. Keine Chance für Edla.

Die Eismöwe stieg hoch in den weißen Himmel auf und ließ sich mit den Flocken um die Wette herabfallen. Mückebär probierte Edla dicht über dem frischen Schnee zu erhaschen. Doch meistens drehte seine Freundin knapp über dem Boden bei und schoss wieder in den Himmel. Dabei kreischte sie ausgelassen. Keine Chance für Mückebär.

Nach dem wilden Spiel im Schnee machten die beiden Freunde im Eingang ihrer Höhle eine Pause. Sie saßen dicht nebeneinander und schauten der Tanzaufführung der kichernden und wirbelnden Schneeflocken zu. Die »Herrscherin ewige Eisblume« hatten sie für diesen Moment völlig vergessen.

»Wie schade, dass die Gemeinschaft der Polartiere diesen wunderbaren Sturm nicht miterleben kann!«, dachte Mückebär, kurz bevor ihn an diesem Abend der Schlaf übermannte. Mit frohem Herzen, aber voller Sehnsucht träumte er in dieser Nacht von seinen Freunden, die daheim zurückgeblieben waren und auf den Winter hofften.

14 Das entsetzlich eisige Eisschloss

Am nächsten Morgen in aller Frühe flaute der Schneesturm ab. Das Gekicher und Gejohle der Eiskristalle wurde leiser und verstummte schließlich ganz. Der Wind atmete nur noch sanft. Der grauweiße Horizont puderte sich mit langsamer Hand ein bläuliches Rouge auf die Wangen. Weit darüber bohrte eine weiße Sonne ihre Strahlen durch die klare Luft.

Edla und Mückebär hatten sich wieder am Eingang ihrer Höhle postiert. Würden sie heute weiter nach dem Eisschloss suchen können? Schließlich wurde es Zeit, dass sie ihre Mission bald zu einem guten Ende brachten! Allmählich wurden in der Landschaft vor ihnen wieder Umrisse sichtbar. Hier tauchte ein Schneehügel auf, dort eine Verwehung, am Horizont irgendetwas Blaues. Die Sonne wurde immer gelber und zeigte schließlich mit ihren Strahlen auf etwas, das nur ein paar Walrosslängen entfernt auf der Spitze eines Schneebergs stand: ein glitzerndes Schloss aus Eis.

Mückebär hatte erwartet, dass er laut aufschreien und jubeln würde, sobald sie das entsetzlich eisige Eisschloss entdeckt hätten. Auch Edla hatte sich vorgestellt, wie sie beide in erleichtertes

Lachen ausbrechen und einander in die Arme fallen würden, sobald sie die Residenz der »Herrscherin ewige Eisblume« gefunden hätten. Nichts dergleichen geschah. Mückebär und Edla saßen ruhig nebeneinander im Höhleneingang, während sich das Schloss vor ihren Augen enthüllte. Sie wechselten einen tiefen Blick: »Jetzt wird es ernst«, waren sich die Wintersucher einig. Dann breitete sich in beiden eine konzentrierte Ruhe aus. Nun konnten sie sich keine Schnitzer mehr erlauben.

Das entsetzlich eisige Eisschloss funkelte in der Morgensonne wie Pontus' Augen, wenn er eine Geschichte erzählte. Es blitzte heller als die Kameras der Touristen und überstrahlte sogar den in allen Farben der Kälte glitzernden Schnee. Mückebär und Edla konnten das Schloss nun ganz deutlich sehen. In der weiß gleißenden Landschaft war es erst sichtbar geworden, weil die frechen Eiskristalle rundherum eine feine weiße Linie gemalt hatten. Da hatten sie wohl einen Fehler gemacht.

Wie aus einem großen Eisblock gehauen thronte das gläserne Gebäude oben auf dem Schneeberg. Seine zierlichen Türme stachen wie dünne Finger mit spitzen, silbernen Nägeln in den heringsblauen Himmel. Jeder Turm trug einen kleinen Balkon, der von einer Zahnreihe feiner, dreieckiger Zinnen gesäumt war.

Gläserne Fahnen winkten den beiden Freunden von schillernden Masten aus zu. Die spiegelnden Fenster, schmal und hoch, zwinkerten eines nach dem anderen, als wollten sie die Betrachter zu einem Besuch einladen. Zur Residenz der Eiskönigin hinauf führten unzählige eisige Treppenstufen. Die Treppe war von Pfosten aus sorgfältig aufgestapelten Eisplatten gesäumt. Zuoberst auf jedem Pfosten ruhte eine blank polierte Eiskugel, die Mückebär mit Leichtigkeit hätte erschlagen können. Jede der gläsernen Kugeln ließ das komplette Schloss in sich kopfstehen. Sie holten auch den Himmel auf den Boden herab und verwandelten das Dach der Welt in Teiche vor dem entsetzlich eisigen Eisschloss.

Die lange Treppe führte auf ein hohes, spitz zulaufendes Eistor zu. In der Mitte des Tores prangte der Kopf eines gläsernen Eisbären, der einen durchsichtigen Klopfring im weit aufgerissenen Maul hielt. Wer sich an dieses Tor so nah heranwagte, dass er hätte klopfen können, würde die kleine Tür im großen Tor bemerken, links unten. Die kleine Tür war über und über mit Schneekristallen verziert, einen Türgriff suchte man vergebens. Die Tür stand halb offen...

***

Der Anblick des Eisschlosses schmerzte in all seiner Pracht. Doch Edla und Mückebär schauten ganz genau hin. Wieder und wieder blinzelten sie und trauten ihren Sinnen kaum. Das lang gesuchte Schloss der »Herrscherin ewige Eisblume« stand endlich vor ihrer Nase! Die Zeit drängte – und sie saßen da wie angefroren. Weder Mückebär noch Edla hatten ein Wort gesagt, seit die Sonne ihre Scheinwerfer auf das Eisschloss gerichtet hatte. Es war, als befürchteten sie, das nach mühevoller Suche endlich gefundene Bauwerk zu verscheuchen. Aber kann man ein Schloss in die Flucht schlagen wie ein wildes Tier? Bei diesem hier konnte man sich nicht sicher sein.

Ein Kitzeln in Mückebärs Nase löste endlich den Bann der beiden Tiere.

»Haaaatschiiii, -tschiiii, -tschiiii«, nieste der winzige Eisbär. Der Nieser hallte von Höhlenwand zu Höhlenwand, prallte zwischen Edla und Mückebär hin und her und rüttelte sie aus ihrer Erstarrung. »Edla, das Schloss! Haaaatschi!«, prustete Mückebär. »Was machen wir jetzt?«

»Am besten putzt du dir erst einmal die Nase«, knatschte Edla. Die Eismöwe sah ihre Lage wie Mückebär; wie er war sie einerseits erleichtert, andererseits ratlos: Ja, das war das entsetzlich eisige Eisschloss! Und: Was sollten sie jetzt tun? »Es sieht gar nicht so entsetzlich aus«, schob Edla hinterher und kniff die Augen zusammen.

»Haaaatschiiiii«, machte Mückebar nur.

Bisher hatten Edla und Mückebär angestrengt nach dem Eisschloss gesucht. Keinen Moment hatten sie darüber nachgedacht, was sie tun könnten, wenn sie es finden würden. Nun brauchten sie schnell einen guten Plan. Wenn erneut ein Schneesturm hereinbräche, würden sie es nicht bis zum Schloss schaffen. Wenn die feine Schneelinie rund um das Schloss erst weggeschmolzen wäre, würden sie das prunkvolle Gebäude niemals wiederfinden.

»Lass uns sofort aufbrechen«, schlug Edla vor. »Wir können auf dem Weg beraten, wie wir vorgehen.« Kaum hatte die Eismöwe das ausgesprochen, marschierten die beiden Wintersucher schon auf die Treppe zu, die zum entsetzlich eisigen Eisschloss empor führte.

15 Über tausend Treppenstufen

Der Weg durch die Morgensonne über den frischen Schnee auf das zauberhaft funkelnde Eisschloss zu hätte für die beiden Freunde ein wunderbarer Spaziergang sein können. Doch statt ihre Wanderung zu genießen, zerbrachen sich Mückebär und Edla ihre Köpfe. Schweigend grübelten sie, wie sie ins Innere des entsetzlich eisigen Eisschlosses gelangen könnten. Wie würden sie die Eiskristalle finden? Wie könnten sie sie befreien? Und was sollten sie machen, wenn die »Herrscherin ewige Eisblume« sie erwischte?

Mückebär schwirrte der Kopf wie ein Bienenstock. Pontus hätte wirklich noch ein paar Dinge erklären können, bevor er sie in dieses Abenteuer schickte. Auch Edlas Gedanken kreisten. Ihr wurde fast schwindelig von dem Schleudergang in ihrem Kopf. Am meisten Sorgen bereitete ihr ein Zusammentreffen mit der bösen Eiskönigin. Sie selbst würde sich wahrscheinlich leicht in Sicherheit bringen können, wenn die »Herrscherin ewige Eisblume« keine Zaubertricks auf Lager hatte. Ein paar Haken in der Luft und sie wäre auf und davon. Aber Mückebär hatte sich schon einige Male in Schwierigkeiten gebracht. Und wenn der Winzling der Eiskönigin in die Hände fiele, hätte auch sie, Edla, schlechte Karten. Keinesfalls würde sie ihren Freund in der Gewalt der Kristallräuberin zurücklassen.

❊❊❊

Langsam erklomm Mückebär die erste Stufe der langen Eistreppe. Dann noch eine und noch eine. Edla flatterte über ihm. Sie mussten nun irgendwie ins Schloss kommen und durften sich dabei möglichst nicht erwischen lassen. Auf einmal begann Edla zu kichern.

»Was ist so komisch, Edla?«, blaffte Mückebär sie an. Er fühlte sich wie eine prall gefüllte Wasserbombe. Die kleinste Berührung führte zur sofortigen Explosion.

»Schau mal, ich kann kopfüber fliegen!«, kicherte Edla, ohne sich von Mückebärs scharfem Tonfall irritieren zu lassen. Die Eismöwe war ein Stück über dem winzigen Eisbären geflogen, auf Höhe der schweren Eiskugeln, die die Treppenpfosten zierten. Wenn Edla dicht genug heranflog, stand sie in der gläsernen Kugel kopf. Das sah wirklich lustig aus. Doch Mückebär schaute gar nicht hin.

»Mensch Edla, mir ist jetzt wirklich nicht nach Lachen zumute!«, grummelte er. »Ich muss mich konzentrieren!« Der winzige Eisbär blieb stehen und starrte auf das hohe Eingangstor des entsetzlich eisigen Eisschlosses. Er legte die Pfote an den Mund und kniff die Augen zusammen. »Schau mal Edla, siehst Du die Tür im Tor?«, flüsterte Mückebär, »… sie steht offen!«

»Die Tür im Tor«, wiederholte Edla glucksend, »die Tür im Tor!« Dabei flog sie ein paar Mal um die oberste Eiskugel herum und machte darin Kopfstand. War Edla nicht mehr ganz bei Trost? Es wurde ernst und sie alberte herum. Die Anspannung bekam ihr offenbar nicht besonders gut. Vor allem hatte sie gerade das Entscheidende verpasst: In dem großen Schlosstor befand sich eine weitere kleine Tür – und die war nur angelehnt.

Vielleicht wartete die Eiskönigin schon auf ihren Besuch. In wenigen Minuten würde die »Herrscherin ewige Eisblume« über sie herfallen und ihnen Fell und Federn über die Ohren ziehen. Mückebärs Magen fühlte sich an, als hätte er einen vergammelten Stockfisch geschluckt, ohne zu kauen. Sein Herz schlug direkt unter seiner Gurgel. Andererseits hatte sich die Frage, wie sie ins Schloss gelangen sollten, bereits geklärt. Das war schon mal ein Anfang.

»Die Tür im Tor«, giggelte Edla noch immer. Sie übte weiter Flugkunststücke.

»Pass auf Edla«, sagte Mückebär. Vom albernen Getue der Eismöwe hatte er nun wirklich genug. »Warte hier draußen und sorge dafür, dass die kleine Tür offenbleibt. Ich gehe hinein. Aber du musst mich warnen, wenn du jemanden kommen hörst oder siehst.« Edla konnte so laut und durchdringend schreien, dass man es durch eine meterdicke Schneedecke hören konnte. Früher hatte sie Mückebär oft aus seinem geliebten Mittagsschlaf geweckt. Nun aber konnte sich der fiese Ton als hilfreich erweisen. »Kann ich mich auf Dich verlassen?«

»Die Tür im Tor, die Tür im Tor…«, summte Edla weiter vor sich hin. Mückebär wartete die Antwort seiner kichernden Freundin nicht länger ab.

»Vielleicht habe ich ja Glück und die Eiskönigin ist im Moment nicht zu Hause«, murmelte der Winzling. Dann trat er auf die kleine, mit Eiskristallen verzierte Tür zu. Mückebär atmete ein paar Mal tief die frische Morgenluft ein, schob das Türchen auf und verschwand im Innern des entsetzlich eisigen Eisschlosses.

16 Finstere Eindrücke

Im ersten Augenblick sah Mückebär gar nichts. Seine Augen mussten erst mal vom blendenden Weiß auf das Dämmerlicht umstellen, das ihn nun empfing. Der kleine Eisbär tastete sich auf Zehenspitzen vorwärts, ganz so, als erwarte er, beim nächsten Schritt auf einer Glasscherbe zu landen. Wie ein Balletttänzer schwebte er in den weiten Raum, der sich vor ihm geöffnet hatte. Mückebärs Kopf war vollkommen leer, aber seine Muskeln spannten sich wie ein Flitzebogen Sekunden vor dem Abschuss. Lauernd schlich er in die Dunkelheit hinein, darauf gefasst, im nächsten Moment zu töten – oder wahrscheinlicher: getötet zu werden.

Als Mückebär endlich etwas sehen konnte, sackte ihm der Unterkiefer auf die Brust: Über einem spiegelblanken, eisblauen Fußboden erhob sich ein Saal aus Eis. Gedrechselte, behauene, über und über mit Tieren, Eiskristallen und Blumen verzierte Säulen in Türkis- und Himmelstönen strebten empor in ein blauschwarzes Dunkel, das nirgendwo zu enden schien. Konnte ein Gebäude höher sein als der Himmel?

»Ohhh«, hauchte Mückebär. Einen solchen Prunksaal hatte

der kleine Eisbär noch nie gesehen! Sein warmer Atem schlug sich in der eisigen Luft nieder. Hier war es kälter als draußen. Aus der Finsternis des Deckengewölbes drang ein silbrig-grünes Funkeln herab, das über Boden und Wände huschte. Die Lichter fielen durch den Raum wie ein Schwarm Heringe, der in mondbeschienenem Wasser aufblitzt: kurz sichtbar und gleich wieder verschwunden. Mückebärs Augen flitzen hin und her. Es gelang ihm nicht, auch nur einen der Lichtfunken im Blick zu behalten. Woher das betörende Lichterspiel kam, konnte Mückebär nicht sagen. Seine Wirkung war dafür umso eindeutiger: Das Flirren machte den Kopf wirr und die Knie weich.

In dem prunkvollen Saal war es totenstill. Von der »Herrscherin ewige Eisblume« war nichts zu sehen. Mückebär beruhigte sich ein wenig. Tief atmete er die frostige Luft ein und lief einige Schritte bis in die Mitte des Saals. An der hinteren Wand, gegenüber des großen Eistors, erkannte Mückebär einen Kamin. In seinem Schlund hätten bequem Nanoq und Illuq mit ihren beiden Kindern Platz gefunden, dazu noch ein Moschusochse mit vier Polarhasen auf dem Rücken. Um in den Kamin zu steigen, hätten die Tiere allerdings erst die armdicken Eiszapfen abschlagen müssen, die vom eigentümlich verzierten Sims herabwuchsen.

Über dem Kamin war ein Porträt angebracht, das einzige Bild in diesem Raum. In seinen Rahmen hatte eine geschickte Hand filigrane Eiskristalle und zierliche Eisblumen gemeißelt. Sie schienen zu tanzen und hin und her zu schwirren, so funkelte der prächtige Rahmen.

Überstrahlt wurde er jedoch von dem Bild in seiner Mitte: Von oben fiel aus gläsernen Augen ein vernichtender Blick auf Mückebär herab. Er gehörte zu einem Gesicht von überirdischer Schönheit und unfassbarer Kälte. Dem kleinen Eisbären gefror beinahe das Herz. Das musste die »Herrscherin ewige Eisblume« sein! Mückebär starrte das Porträt an und war wie gelähmt. Dabei wäre er am liebsten quiekend davongerannt.

Die junge Frau trug ihre silbernen Haare zu einer kunstvoll geflochtenen Frisur hochgesteckt. In dem Geflecht blinkte ein Diadem aus Eis, das Mückebär an die Turmspitzen des Schlosses erinnerte. Über den Schultern der Gestalt lag ein schwerer Mantel. Er reichte bis zum bläulich schimmernden Boden herab und verdeckte Körper und Füße der Eiskönigin vollständig, – wenn sie überhaupt Körper und Füße hatte. Es sah aus, als stünde die Gestalt nur durch den Umhang fest auf dem Boden. Der wuchtige Mantel war aus mehreren Eisbärenfellen gefertigt, sein Kragen aus

Den buschigen Schwanz des Polarfuchses bezeichnet man als Lunte. Bei den Völkern im hohen Norden, – den Inuit, Sami, Tschuktschen, Nenzen und Dolganen – gilt das Tragen weißer Pelze als besonders elegant. Sie glauben, dass die weiße Farbe böse Geister vertreibt.

der bauschigen Lunte eines Polarfuchses. Wie kleine Schneeflocken waren hunderte Schwänzchen von Polarhasen auf das Eisbärenfell geheftet. Am Kragen hielt eine mit Eiskristallen besetzte Nadel aus Walrosszahn das grässliche Gewand zusammen.

Mückebär schauderte. Ihm war, als führe ihm eine Hand aus Eis durchs Fell. Sie wanderte langsam vom Schwanz bis zwischen seine Ohren und krallte sich in seinem Genick fest. Mückebär fiel Pontus' Bericht über den Schneeflockendiebstahl ein. Genau diesen Mantel hatte der Polarfuchs beschrieben. Also stimmte alles. Pontus hatte ihnen kein Märchen aufgetischt. Mückebär verstand, dass er hatte weinen müssen, als er ihnen von seinem Traum erzählt hatte.

Warum nur war er hierhergekommen? Wenn diese schöne, scheußliche Königin ihn hier entdeckte, wäre es um ihn geschehen! Kaum hatte Mückebär das gedacht, hörte er ein leises Zischen und Pfeifen in der Luft. Rasch drehte er sich um.

Die kleine Tür im großen Tor öffnete sich einen Spalt breit, ließ ein Bündel Sonne und einen Schatten in den Saal fallen und klappte dann mit einem sanften, doch gut hörbaren »Klack« ins Schloss. Die grün-silberne Dunkelheit war total. Sein Angstschrei blieb Mückebär in der Kehle stecken, zum Glück. Denn es war Edla, die auf ihn zu hüpfte. Die Eismöwe war ihm doch gefolgt.

»Edla, dem Himmel sei Dank! Du bist es!«

»Nun übertreib mal nicht, Mückebär«, flüsterte die Eismöwe. »Lass uns lieber zusehen, dass wir unseren Job hier erledigen – und dann ab nach Hause!« Scheinbar unbeeindruckt von all der glitzernden Pracht drehte Edla eine Runde durch die Eingangshalle. Als sie am Porträt der Eiskönigin vorbeiflog, wurde sie plötzlich von einer frostigen Böe erfasst und in die Mitte des Saals zurückgeblasen.

»Hey, hey, nicht so stürmisch…«, entfuhr es Edla. Nicht einmal sie hatte mit Wind aus einem Bild gerechnet. Die Möwe landete neben Mückebär. »Ich glaube, mit der ist nicht gut Krabben essen«, sagte sie mit einem Kopfnicken Richtung Porträt. »Wir sollten uns beeilen!«

Die Eiskönigin blinzelte die Eismöwe von ihrem Porträt herab böse an. Edla funkelte zurück.

✸✸✸

Mückebär hatte sich von Schrecken, Folgeschrecken und Schockstarre erholt. Hinten rechts in der Halle, hinter einem gläsernen Vorsprung mit einem dreiarmigen Kerzenleuchter obendrauf erspähte er einen Torbogen. Aus dem Tor fiel ein Strahl gleißenden Lichts, das die grünliche Dunkelheit der Eingangshalle in zwei Teile zerschnitt. Ein solches Licht hatte Mückebär nie zuvor gesehen. Es war fast weiß und so hell, dass es mit Leichtigkeit die Sonne überstrahlt hätte, die Blitze der Tou-ris-ten sowieso. Doch es war weich und tat nicht weh in den Augen. Der Lichtstrahl zog den winzigen Eisbären an wie der Geruch von frischem Robbenfleisch. Langsam und mit erhobener Schnüffelnase tappte er auf den Torbogen zu, der nun den Blick in einen langen Gang voller Türen freigab.

»Komm, wir versuchen es dort drüben«, flüsterte er Edla im Davonlaufen zu. Die Eismöwe starrte wie gebannt auf das grünsilberne Lichtgefunkel an den Wänden des Saals und reagierte nicht. Ihr war erst jetzt aufgefallen, wie herrlich dieses Lichterspiel war. Am Torbogen angelangt schaute Mückebär sich nach seiner Freundin um. Sie rührte sich noch immer nicht vom Fleck.

Seufzend lief der Winzling den ganzen Weg wieder zurück und stupste seine Begleiterin an.

»Edla! Kommst du!?«

»Hä?«, antwortete Edla. Die Heringslichter flackerten in ihren weit aufgerissenen Augen.

»Komm, wir versuchen es dort drüben«, wiederholte Mückebär. »Dort ist ein Gang mit vielen Türen. Vielleicht finden wir die Eiskristalle dort.«

»Hetz mich doch nicht dauernd!«, zischte Edla ihn an. Als sie aber den verdatterten Blick ihres Freundes auffing, fügte sie schnell hinzu: »Ja ja, Mückebär, ich komme.«

Die beiden Freunde durchquerten den riesigen Prunksaal. Beide hatten ihren Blick nun fest auf den strahlenden Torbogen gerichtet. Mückebär versuchte, auf dem glatten Eisboden zu schlidern. Damit war er fast so schnell wie Edla – und die Rutschpartie machte obendrein ungeheuren Spaß.

»Huiiii.« Mückebär quietschte vor Vergnügen. In dieser Halle müssten sie einmal ein Fest mit allen Polartieren feiern! Das wäre ein Jubel!

17 Die weißen Türen

Die Passage durch die Eingangshalle verlief glimpflich, die »Herrscherin ewige Eisblume« ließ sich nicht blicken. Eigentlich hätten Edla und Mückebär am Hof einer Königin bessere Umgangsformen erwartet. Doch natürlich waren die beiden Besucher froh, dass die Hausherrin ihnen keinen Empfang bereitet hatte.

Vorsichtig betraten sie den weißen Gang mit den vielen Türen. Er war um einiges niedriger als die Kuppel der Eingangshalle. Trotzdem musste Mückebär den Kopf in den Nacken legen, um die Decke zu erspähen. Die Wände des Gangs drängten sich so dicht aneinander, dass Edla beim Durchflug aufpassen musste, nicht mit ihren Flügeln hängen zu bleiben. Nach dem grün-türkisen Dunkel des Saals war es hier so hell, als stünden die beiden Freunde mitten in einem Sonnenstrahl. Es gab kein Blau und kein Grün, kein Schillern und keine Finsternis. Alles war weiß, schneeweiß, sogar die Türgriffe. Es duftete frisch nach Kälte. So liebten die beiden Freunde es! Allerdings gab es da ein Problem: Von dem strahlenden Gang gingen unzählige weiße Türen ab. Und alle sahen gleich aus.

»Phhhhhh«, machte Edla, »wo sollen wir denn da anfangen?«

»Wie wär's mit vorne?« Mückebär grinste und wies auf die erste Tür. Der Humor seiner Freundin hatte schon ordentlich auf ihn abgefärbt.

»Meinst du, die Eiskristalle sind hinter einer dieser Türen?«

»Keine Ahnung.« Der kleine Eisbär schürzte die Lippen. »Wir werden wohl nachschauen müssen. Warte mal kurz, Edla.« Damit beugte Mückebär sich über eine große Truhe aus Schnee. Sie stand neben dem Torbogen, durch den sie hereingekommen waren. Der schwere Truhendeckel war aufgeklappt, als hätte erst kürzlich jemand etwas herausgenommen oder hineingelegt. Mückebär kramte in der Truhe herum, richtete sich auf, bückte sich wieder, kramte weiter, richtete sich wieder auf.

»Was machst du da eigentlich?«, raunzte Edla. »Komm endlich!« Erst dann sah sie, dass der Eisbär kleine Handspiegel hochhob, die in der Schneetruhe lagen. Es funkelte und glitzerte um Mückebär herum, die Spiegel warfen zischend silberne Blitze an die weißen Wände. Der Winzling betrachtete sich kurz in einem Spiegel, legte ihn wieder weg, griff den nächsten, schaute sich an, legte ihn wieder weg… Edla runzelte die Stirn und schüttelte den Kopf.

Jeder Spiegel sah anders aus: Der erste war oval, der zweite rechteckig, der dritte wie eine Feder, der vierte kreisrund ... und jeder war in einen kunstvoll verzierten Rahmen aus Schnee gefasst. Schließlich nickte der winzige Eisbär und schob sich ein Spieglein in Form eines Eiskristalls in sein weiches, dichtes Brustfell.

»Was soll das?«, zischte Edla mit gedämpfter Stimme. »Leg den wieder weg! Seit wann bist du so eitel?« Die Eismöwe fuhr sich mit dem Flügel über den Kopf. »Es ist alles schon gefährlich genug. Da müssen wir nicht auch noch was klauen.« Sie schaute sich nach allen Seiten um. »Was glaubst du, was passiert, wenn uns die Eiskönigin mit dem Ding da entdeckt?!«

»Seit wann bist du so panisch, Edla?«, flüsterte Mückebär und lächelte die Eismöwe an. »Den Spiegel nehme ich mit. Wer weiß, vielleicht können wir ihn gebrauchen. Außerdem ist er schön kühl!« Zufrieden strich Mückebär über sein Brustfell. »Gehen wir?«

18 Wo sind die Kristalle?

Mückebär schlich zur ersten Kammer. Er stellte sich auf die Hinterbeine, holte tief Luft und drückte seine winzige Pfote auf den Türknauf aus Schnee. Mit leisem »Plopp« schwenkte die Tür auf. Der kleine Eisbär und die Eismöwe traten in einen ovalen Raum. Auch hier drinnen war alles weiß. Rundherum an den Wänden hingen blitzende und blinkende Schlittschuhe mit silbernen Schnürsenkeln und Kufen aus Eis.

»Ein Schuhladen«, kicherte Mückebär. Ihm fiel ein Stein vom Herzen, dass nicht die Eiskönigin hinter dieser Tür auf sie gelauert hatte. »Wer braucht denn so viele Schlittschuhe? Hat die Eiskönigin Kinder? Oder doch einen Hofstaat, der in der Eingangshalle Schlittschuh laufen darf?«

Edla antwortete nicht. Sie flatterte bereits vor der zweiten Tür auf und ab. Mückebär zog die Pforte zur Schlittschuhkammer hinter sich zu und trat zu seiner Freundin in den Gang. Dann legte er seine Pfote auf den Knauf der zweiten Tür, lauschte kurz, atmete tief ein und drückte sie auf. Ein Funkeln und Glitzern überspülte die beiden Freunde wie eine gewaltige Welle. Es raubte ihnen fast den Atem. Mückebär riss seine Pfoten vor die Augen und taumelte einen Schritt zurück. Von oben traf ihn ein Schlag auf den Kopf. Er duckte sich. Da klatschte ihm links und rechts etwas ins Gesicht. Der kleine Eisbär plumpste auf sein Hinterteil. Noch bevor er begriff, was vor sich ging, stürzte Edla raschelnd in seinen Schoß.

»Was zum Eisfloh …«, fluchte der Winzling und versuchte, sich aufzurappeln. Doch Edla lag schwer auf ihm.

Als die Glitzerwelle über ihnen zusammengeschlagen war, hatte Edla ihre Flügel vors Gesicht gerissen. Dummerweise war sie in diesem Moment geflogen. Und wer im Flug seine Flügel einklappt, stürzt ab. Edla hätte daran denken müssen! Mückebärs Kopf hatte ihren Aufprall zum Glück etwas abgefangen. Gut, wenn man Freunde hatte, die im richtigen Moment zur Stelle waren.

»Mensch Edla, geh runter!« Mückebärs Stimme klang gepresst.

»'Tschuldigung«, stöhnte die Eismöwe. »Pilotenfehler!« Damit kletterte sie von Mückebärs Schoß und strich ihre Federn glatt. Dann reichte sie ihrem Freund den rechten Flügel und zog ihn hoch. Sie betraten den Glitzerraum mit zusammengekniffenen Augen. Diesmal wollten sie gewappnet sein, wenn die

Glimmerwelle wieder zuschlug. Doch nichts geschah. Ein kleiner Saal tat sich vor ihnen auf. Er hatte die Form eines Diamanten, der Fußboden war aus Eis, wie jener der Eingangshalle. Von den Wänden starrte sie tausendfach das schöne, böse Antlitz der Eiskönigin an.

»Huaaa!«, schrie Mückebär auf.

»Iiiiihhhh«, quiekte Edla. Sie drehte eine scharfe Kurve in der Luft und schoss auf den Gang hinaus. Was für ein Schreck!

»Bleib hier, Edla!«, flüsterte Mückebär der Eismöwe hinterher. Er hatte sich schon wieder gefangen. »Die sind nicht echt!« Es waren nicht lauter lebendige Königinnenköpfe, die sie da anglotzten. Die »Herrscherin ewige Eisblume« gab es schließlich nur einmal. Das hier waren Schneebüsten der Eiskönigin. Auf jedem Schneekopf ruhte ein schillerndes Diadem, eines prunkvoller als das andere. Sie funkelten miteinander um die Wette. Hier versteckte die »Herrscherin ewige Eisblume« den Winter nicht.

Als Mückebär die dritte Tür öffnete, entfuhr sogar Edla ein »Ohhhhh«. Hinter der schlichten weißen Pforte ging ein Raum auf, dessen Wände nicht erkennbar waren. Stattdessen sahen die beiden Wintersucher einen kornblumenblauen Himmel, mehrere verschneite Berggipfel, einen frisch überzuckerten Tannenwald und einen kleinen Skilift. Der Lift fuhr sofort an, als hätte er nur auf die beiden Freunde gewartet. Auch Skier, Skischuhe und ein Schlitten standen neben der Talstation bereit.

Mückebär dachte nach: Die Eiskönigin war offenbar sportlicher, als sie auf dem Porträt in der Eingangshalle gewirkt hatte. Beine und Füße musste sie haben, denn ohne fuhr es sich schlecht Ski. Den schweren Prunkmantel würde die »Herrscherin ewige Eisblume« wahrscheinlich ablegen, um hier die Hänge herunterzuflitzen. Was sie wohl für einen Skianzug trug. Und einen Helm aus Eis? Brrrrrrrr. Nun, in dieser Kammer hatte es zwar frisch geschneit, Eiskristalle waren aber keine eingesperrt. Also mussten sie weiter nach den frostigen Gesellen suchen. Mückebär ließ noch einmal seinen Blick über das kleine Skigebiet gleiten. Dann zog er lächelnd die Tür hinter sich zu. Als er aufschaute, traf sein Blick den von Edla. Die Eismöwe wartete bereits vor dem vierten Raum auf den winzigen Eisbären. Sie hatte einen Flügel in die Seite gestützt, den Kopf schief gelegt und ihren Können-wir?-Blick aufgesetzt.

»Habe ich getrödelt?«, fragte Mückebär. Edlas Gehabe ließ ihn vermuten, dass er vor dem Skilift die Zeit vergessen hatte.

»Ne ne«, krächzte Edla. »Ich wäre beim Warten auf Dich

bloß fast eingeschlafen! Aber wir haben ja alle Zeit der Welt. Keine Hektik!«

»Schon gut, Edla«, antwortete Mückebär. »Kommt nicht wieder vor.« Die Eismöwe übertrieb etwas, fand der kleine Eisbär. Doch für Streit hatten sie jetzt keine Zeit. Sie mussten die Eiskristalle finden, so schnell es ging. Und dann verschwinden. Es war so still und friedlich in diesem hohen, strahlenden Gang, dass das nur die Ruhe vor einem gewaltigen Sturm sein konnte.

Also trat Mückebär vor die vierte Tür. Schnuppernd sog er die Luft ein. Es roch ein wenig verbrannt und schmierig. Ein Bild von ihrer Bucht daheim huschte Mückebär durch den Kopf. Der zähe, schwarze Schleim am Ufer fiel ihm ein. Als der winzige Eisbär die Tür aufstieß, begriff er, warum ihm ihre Bucht in den Sinn gekommen war: Es roch nach Öl! Vor den beiden Freunden stand eine schwere, schwarze Poliermaschine.

Dass hinter jeder Tür eine neue Überraschung auf sie wartete, darauf waren die beiden Wintersucher inzwischen gefasst. Auf eine Poliermaschine aber wäre keiner der beiden gekommen. Der Fahrersitz der Maschine war mit einem weißen Robbenfell bezogen, ansonsten wirkte sie gewöhnlich.

»Was soll das jetzt?«, knarrte Edla. »Wofür braucht die

›Herrscherin ewige Eisblume‹ denn eine Poliermaschine?« Mückebär schloss, dass die Eiskönigin den Boden der prächtigen Eingangshalle mit diesem Gefährt in Schuss hielt. Oder ein besonders frostfester Angestellter ihrer Majestät, wenn sie überhaupt Personal hatte.

Was der kleine Eisbär nicht begriff, war, wie das breite, schwere Fahrzeug durch die kleine Tür und den schmalen Gang in die Eingangshalle gelangen sollte. Sicher gab es da einen Trick. Mückebär kribbelte es in den Pfoten, sich auf die Poliermaschine zu setzen und es auszuprobieren. Allerdings lag da das Fell einer Babyrobbe auf dem Fahrersitz. Um nichts in der Welt hätte Mückebär darauf Platz genommen.

Neu geborene Robben haben ein weißes Fell. Es ist besonders flauschig und wird als Lanugohaar bezeichnet. Der Begriff ist vom lateinischen Wort »lana« abgeleitet, das »Wolle« bedeutet.

Auch Menschenbabys haben bei der Geburt Lanugohaar, nur ist ihr »Pelz« viel dünner.

Babyrobben sind mit diesem besonderen Fell gut vor Kälte und Wind geschützt und im Schnee perfekt getarnt. Wenn sie vier Wochen alt sind, verlieren Robbenbabys die weiße Wolle und bekommen die typischen grauen Robbenhaare.

19 Die Suche geht weiter

Nach den Türen fünf, sechs und sieben öffneten die beiden Freunde die Räume acht, neun und … Irgendwann hörten sie auf, die Kammern zu zählen. Die meisten Zimmer waren mit irgendeinem Krimskrams vollgestopft: mit Stühlen und Tischen, Hüten, Angeln, Kerzenleuchtern, Geschirr, Krügen und Vasen, Statuen … Mückebär konnte sich meist, schon kurz nachdem sie eine Kammer verlassen hatten, nicht mehr an ihren Inhalt erinnern. Auch Edla hatte längst den Überblick verloren. Im Gedächtnis blieben ihnen nur die besonderen Räume, die wunderbaren und die grässlichen.

Durch eine Tür waren sie in einen tief verschneiten Zauberwald gelangt. Sie waren hineingelaufen, hatten sich an dem kleinen Weiher links gehalten und waren durch einen Tunnel verschneiter Birken gewandelt. Bereitwillig hatten sie sich in die fantastische Landschaft entführen lassen und hätten beinahe vergessen, weshalb sie hergekommen waren. Wer weiß, wo sie hingeraten wären, wenn nicht Mückebärs Magen laut geknurrt hätte. Das erinnerte die beiden Wintersucher nicht nur daran, dass sie Hunger hatten, sondern vor allem daran, dass sie endlich die

Eiskristalle befreien mussten. Sonst würden auch ihre Freunde daheim verhungern.

In einem Raum hatte eine Werkbank mit Hammer und Meißel gestanden, alles aus härtestem Eis. Rundherum hockten Polarhasen und Möwen, Robben und Moschusochsen, Eisbären und Rentiere. Der Polarfuchs sah genau aus wie Pontus! Alle Tiere waren so kunstvoll aus Eis gehauen, als wollten sie gerade in den frischen Schnee hinauslaufen. Wenn sie nur nicht so bleich und kalt gewesen wären! Schaudernd wichen die beiden Freunde auf den hellen Gang zurück.

In einer weiteren Kammer stand auf einem großen, breiten Schneetisch eine gläserne Nähmaschine. Darüber waren Garnrollen aufgespießt, scharfe Scheren, Messer und Nadeln hingen daneben. An der Rückwand des schlichten Raums baumelten über langen Stangen hunderte Felle und Häute von Polartieren, geordnet nach Größe und der Klarheit ihres Weißtons.

Mückebär und Edla schossen bei diesem Anblick die Tränen in die Augen. Stumm blickten sie einander an. Nun würde keines dieser fantastischen Zimmer sie mehr von ihrer Mission ablenken. Sie würden die Eiskristalle befreien und den Polartieren ihren

Winter zurückbringen. Und zwar schnell. Doch wo waren die Eiskristalle?

Nur noch zwei Türen waren übrig, dann endete der Gang. Die eine dieser Türen sah genauso aus wie die unzähligen anderen, die sie bereits geöffnet hatten. Die allerletzte Tür aber, ganz am Ende des Gangs, war breiter und höher als die vorigen. Sie verdiente den Namen Tor. Es war halbrund, mit unzähligen Eisnägeln beschlagen und ließ sich in der Mitte zu Flügeln öffnen. Die Eisnägel blinkten ihnen im strahlenden Licht des Gangs zu. Ein jeder schien zu höhnen: »Hier kommt ihr sicher nicht herein!« Als wäre das nicht schon genug, lag quer vor den beiden Türflügeln noch ein schwerer Eisriegel, vor dem ein weiteres riesiges Schloss hing.

»Vielleicht hat die Eiskönigin hinter diesem Tor eine noch größere Poliermaschine geparkt«, schlug Mückebär vor. »Wenn man die Flügeltüren aufklappt, kann man aus diesem Raum jedenfalls bequem hinausfahren.«

»Und wie willst du die Flügeltüren aufklappen?«, entgegnete Edla. »Hast du das riesige Schloss nicht gesehen?«

»Doch natürlich, ich bin ja nicht blind …« Mückebär verdrehte die Augen. Edlas ruppige Art nervte. Mückebär überlegte kurz. Dann wies er auf die andere verbliebene Tür: »Lass uns erst mal da reinschauen. Wenn die Eiskristalle dort auch nicht sind, gehe ich zurück zur Werkzeugkammer und hole den Meißel, der auf der Werkbank lag.« Er zuckte mit den Schultern. »Vielleicht können wir das Schloss damit knacken.«

»Gute Idee«, schnarrte Edla. »Aber hast du dir gemerkt, welche Tür die der Werkzeugkammer war …?« Das hatte Mückebär nicht. Aber er ließ sich nichts anmerken. Mutlosigkeit konnten sie sich jetzt nicht leisten. Der winzige Eisbär setzte sein Siegerlächeln auf, obwohl er sich sehr klein, dumm und hilflos fühlte. Er ignorierte die ratlose Schwere, die sich auf ihn legen wollte, stellte sich auf den Hinterbeinen vor die vorletzte Tür, lauschte kurz und lehnte sich dann dagegen. Doch die Tür rührte sich nicht, so sehr Mückebär auch daran zerrte.

»Edla, komm, hilf mir!« Mit vereinten Kräften stemmten sich die beiden Freunde gegen die widerborstige Schneepforte. Sie drückten, stießen und schoben. Endlich ächzte die Tür auf und gab knarrend den Weg frei. Die Pforte hatte zwar ausgesehen wie alle anderen Türen in diesem Korridor, war aber so dick und schwer wie zehn Mückebären nebeneinander. Die Eismöwe und der Eisbär staunten nicht schlecht.

»Öh …«, machte Edla.

»Och …«, kam von Mückebär. Keiner von beiden konnte sagen, was er hinter dieser Tür erwartet hatte. Das hier aber sicher nicht!

20 Der eisige Schlüssel

Hinter der massiven Pforte öffnete sich ein langer, schmaler Gang. Er lief auf einen Schrein zu, der am Ende des Raums in die Rückwand eingelassen war. Von den Wänden ragten gläserne Kerzenleuchter in den Gang. Auf jedem Leuchterarm steckte eine brennende Kerze. Die Wachslichter verströmten ein gemütliches, warmes Licht, doch die Leuchterarme griffen nach Mückebär und Edla. Das war unangenehm. Die beiden Wintersucher legten sich bäuchlings auf den blau glänzenden Boden und robbten unter den fuchtelnden Kerzenleuchtern hindurch. Das Licht flackerte und brodelte über ihnen.

»Auuuu«, quiekte Edla. Ihr war ein heißer Tropfen Kerzenwachs auf den Rücken geklatscht. Doch als Mückebär sich umdrehte, um der Eismöwe zu helfen, zischte Edla: »Weiter, weiter! Es ist nicht so schlimm.«

Erst direkt vor dem Schrein wagten es die beiden, sich wieder aufzurichten. Geschafft! Hier konnten die Kerzenarme sie nicht mehr erhaschen. Vor dem Schrein stand ein zierlicher Stuhl aus Eis. Es schien, als hätte hier erst vor Kurzem jemand gesessen, um dem, was im Schrein verwahrt war, Gesellschaft zu leisten. Oder es zu bewachen. Vielleicht hatte hier auch jemand gebetet. Im Raum hing eine fromme Anspannung, die Mückebär und Edla umfing wie ein fein gewobenes Netz. Der Schrein versuchte nicht, seinen kostbaren Inhalt zu verstecken. Durch gläserne Türen konnten Mückebär und Edla sofort sehen, was er behütete: Umrahmt von irisierend funkelnden Eissternen hing an einem dicken Eisnagel ein großer, schlichter, weißer Schlüssel.

»Der Schlüssel für den letzten Raum!«, riefen die beiden Freunde wie aus einem Schnabel. Da gab es einen gewaltigen Knall. Gurgelnder Donner rollte durch den Gang auf sie zu, Blitze zuckten, Lichter kreiselten zischend durch die Luft. Mitten im Raum entlud sich ein Gewitter, das offenbar lange auf diese Gelegenheit gewartet hatte. Mückebär und Edla suchten nach Deckung. Doch mehr als Pfoten und Flügel über ihren Köpfen gab es hier nicht. Wieder krachte es, die Kerzen flackerten. Im Widerschein der Blitze schimmerte der weiße Schlüssel auf.

»Wir brauchen nur den, dann hauen wir hier ab«, rief Mückebär Edla zu. Aber nichts da! Eine eisige Windböe kam den Gang heruntergepfiffen. Die Kerzen auf den Wandleuchtern erloschen alle gleichzeitig, als hätte ein riesiger Mund sie ausgehustet. Es roch verbrannt. Vor dem Schrein machte die Windböe eine

Pirouette, riss Mückebär und Edla in die Höhe, drehte sie sieben Mal um ihre eigene Achse und spuckte sie grob wieder auf den Boden zurück. Schnell krabbelten die beiden Freunde zum Glasstuhl und kauerten sich dahinter. Genauso gut hätten sie sich hinter einer Glasscheibe verstecken können. Mückebär zitterte am ganzen Leib und Edla klapperte mit ihrem Schnabel wie ein Storch.

In der Kammer war es nun vollkommen dunkel. Nur ein weißer Lichtstrahl fiel vom Gang mit den vielen Türen wie ein Scheinwerfer auf den Schlüssel im Schrein. Mückebärs Blick folgte dem Strahl. Diesen Schlüssel mussten sie haben: Denn nicht nur sein und Edlas Leben hingen am seidenen Faden, sondern das aller Polartiere. Sie durften einfach nicht aufgeben! Das Donnergrollen war verstummt. Dafür hörte Mückebär nun etwas, das ihn viel mehr beunruhigte als jedes Unwetter.

»Wer wagt es, in mein Schloss einzudrrringen?« Das kam vom Gang mit den vielen Türen. »Wer wagt es, durch meinen Saal zu schlidderrrn?«, gellte es. »Wer wagt es, alle meine Kammerrrn zu öffnen und überall herrrumzuschnüffeln? Werrr?« Mit jedem Wort kam das Keifen näher – aus der einzigen Richtung, in die die beiden Wintersucher hätten fliehen können.

Ein klirrkalter Windhauch fuhr über den Boden und blies

Mückebär in die hinterste Ecke des Raums. Edla hatte sich gerade noch an einem der eisigen Stuhlbeine festhalten können. Der Eisbär und die Eismöwe starrten auf die Türöffnung und zitterten. Dort erschien nun das, wovor die beiden sich am meisten gefürchtet hatten: ein riesiger, dreieckiger Schatten, hoch wie ein Berg. Obendrauf trug er Zacken, als sei es der aufgerissene Rachen eines Eisbären.

»Haaaaaaaaa?!«, brüllte der Eisbärenschlund. »Wer ist so unverfrorrren?« Das klang, als sei es der Eisbärenkönig Nanoq höchstpersönlich – und zwar ein sehr zorniger.

Bei allen schmelzenden Schneemassen! Wie hatten sie nur so dumm sein können, in dieses Schloss einzudringen? Wie hatten sie hoffen können, hier jemals wieder heile herauszukommen, noch dazu mit den winterbringenden Eiskristallen im Schlepptau? Was für ein Irrsinn! So etwas konnten auch nur ein gummibärchenkleiner Eisbär und eine alte, eitle Eismöwe glauben!

»Haaaaaaaaa!«, brüllte der schwarze Berg noch einmal. »Ich brrrauche Licht!« Damit entzündeten sich die Kerzen auf den Wandleuchtern im Gang wieder. Nun konnten Edla und Mückebär das herannahende Unheil in seiner ganzen Schönheit sehen: die »Herrscherin ewige Eisblume«; ihre Majestät, die Gebieterin; die

Schlossherrin und Winterdiebin; die Liebhaberin von Schnee, Eis und Kälte, die den Polartieren den Garaus machen wollte. Das Kerzenlicht legte einen goldenen Schimmer über das schneeweiße Antlitz der Eiskönigin, als wolle es die Eiseskälte ihres Herzens vertuschen.

Die »Herrscherin ewige Eisblume« schwebte über den Boden. Ihr Umhang schien nicht aus schweren Eisbärenfellen gefertigt, sondern aus federleichten Daunen. Ein spitzzackiges Diadem ruhte gewichtig auf ihrem silbernen Haar, musste aber wohl über ihr fliegen. Andernfalls wäre das zarte Persönchen unter dem prunkvollen Tand zusammengebrochen. Der Blick der Eiskönigin war wie auf dem Porträt im Eingangssaal: eiskalt, unheilverheißend. Suchend wanderte er aus dem wunderschön-grausamen Gesicht durch den Raum mit dem Schrein.

»Wo seid Ihr, Eindrrringlinge?«, donnerte es aus der zarten Person. Diese Stimme musste einmal jemand anderem gehört haben, einem Walross oder einem Eisbären. Zur Gestalt der Eiskönigin hätte besser eine Silberschellenstimme gepasst, doch sie grollte wie ein Poltergeist. Vielleicht war bei der Verteilung der Stimmen am Anfang der eisigen Welt ein Fehler passiert. War das der Grund für den Hass der »Herrscherin ewige Eisblume« auf die

Polartiere? Weil irgendwo in der Arktis ein Walross mit der Stimme der Eiskönigin sprach, als hätte es ein silbernes Glöckchen in der Kehle? Normalerweise hätte Mückebär über diesen Gedanken lachen müssen. Jetzt zog er nur eine gequälte Grimasse. Er und seine Freundin Edla saßen in der Falle. Kein Schlupfwinkel, kein Hinterausgang, keine Rettung. Was nun?

Mückebär hatte sich wieder aufgerappelt, aber Edla klebte immer noch an einem Bein des Eisstuhls. Der kleine Eisbär konnte sie nur von hinten sehen. War sie festgefroren?

»Edlaaa …«, flüsterte Mückebär. Doch die Eismöwe rührte sich nicht. Die »Herrscherin ewige Eisblume« schwebte auf den Schrein und die beiden Freunde zu. Die Kerzenleuchter, die zuvor nach Mückebär und Edla gegriffen hatten, wichen vor dem Fellberg zurück und drückten sich dicht an die Wände. Keine der Kerzen wagte ein Flackern.

»Sieh an, eine Eismöwe«, drang es aus dem frostigen Gesicht wie klebriger Sirup. »Rrrichtig hübsch! Herrrzerwärrrmend.« Die Eiskönigin hatte Edla entdeckt! Mückebär traute sich kaum zu atmen. »Zum Glück bin ich so klein!«, dachte er das zweite Mal in seinem Leben. Edla aber stand noch immer wie festgefroren hinter dem Eisstuhl. Sie schwebte in allerhöchster Gefahr!

21 Ein rettender Spiegel

Die Eiskönigin glitt auf Edla zu. Immer näher kam sie, immer näher und näher. Noch eine Eisbärenlänge, dann wäre die »Herrscherin ewige Eisblume« bei Edla angelangt. Mückebär war schwindlig vor Angst. Wenn Edla und er nicht als Krägelchen eines hässlichen Mantels oder als Bommel an einer Mütze enden wollten, mussten sie irgendetwas tun! Jetzt! Aber was? Panisch kratzte Mückebär in seinem Brustfell. Dann stutzte er: Seine Pfote war gegen etwas Hartes, Kaltes gestoßen, das in der weichen Wolle steckte. Der kleine Spiegel, den er am Anfang des Gangs mit den vielen Türen aus der Truhe genommen hatte! Mückebär zog das Spieglein hervor und betrachtete es finster. Erschlagen konnte man damit niemanden… Dann hellte sich sein Blick auf: Das war es! Das war ihre Rettung!

Der Winzling stellte sich auf die Hinterpfoten, zog seinen Rücken in die Länge und schritt entschlossen auf die Eiskönigin zu. Das Spieglein mit dem Eiskristallrahmen trug er zwischen den Vorderpfoten vor sich her, als wolle er es der Herrscherin überreichen. Als der winzige Eisbär an Edla vorbeilief, sah er die schönen, schwarz umränderten Augen der Eismöwe. So weit aufgerissen hatte Mückebär sie noch nie gesehen. Edla war vor Schreck erstarrt.

»Edla, komm zu dir«, zischte er ihr zu. Und noch einmal: »Edla!« Die Eismöwe zuckte zusammen. Endlich! Da hörte Mückebär wieder die Sirupstimme.

»Ach, sehrrr goldig. Sie sind zu zweit! Frrreunde…« Die Eiskönigin klang noch klebriger als zuvor. Dann schlug der Zucker in Nanoq-Gebrüll um und es donnerte: »Ist das nicht ein winzig kleinerrr, wunderschön weißer Eisbärrr…?« Mückebär schluckte. Nun schraubte sich die Stimme in schrille Höhen und knirschte: »Wunderschönerrr… weißerrr… Eisbärrr!« Das Wort »Eisbärrr« endete mit einem spitzen Schrei und zerplatzte an den Wänden des Raums wie eine Seifenblase.

Wenn Bären eine Gänsehaut bekommen können, dann hatte Mückebär jetzt eine. Das Fell stand ihm zu Berge und er spürte jedes einzelne Haar wie eine Nadel in seiner Haut. Seine Ohren klingelten. Wie ferngesteuert lief der Winzling auf die bittersüße Herrscherin zu, immer näher und immer näher, bis er an den Saum ihres ausladenden Eisbärenmantels stieß.

Mit schneidendem Lächeln beugte sich die Eisgestalt zu Mückebär herunter. Der schwere Schatten der »Herrscherin ewige

Eisblume« schob sich langsam über den winzigen Eisbären. Sie wollte etwas sagen. Mückebär sah, wie sich der warme Hauch aus dem herannahenden Mund in der eiskalten Luft niederschlug. Da hob er blitzschnell den kleinen Spiegel über seinen Kopf, presste seine Schultern an die Ohren und zog den Kopf dazwischen. Wenigstens hatte er bis zur letzten Sekunde gekämpft. Schade, dass Pontus das nie erfahren würde!

Doch keine Eislawine fegte Mückebär an die Wand. Keine dürre Eishand zerquetschte ihn. Kein weit aufgerissener Schlund biss ihm den Kopf ab. Mückebär wartete. Aber nichts passierte. Der winzige Eisbär schwitzte trotz der Kälte in diesem Schloss mehr, als wenn er in der prallen Sonne gestanden hätte. Seine blöde Haltung mit dem Spiegel über dem Kopf schürte die Hitzewallungen noch. Etliche bange Sekunden später hörte Mückebär endlich etwas.

»Ahhh. Ohhhhh. Mmmmmm.«, machte die Eiskönigin. Die »Herrscherin ewige Eisblume« hatte sich zu Mückebär heruntergebeugt und den winzigen Eisbären packen wollen. Da hatte sie ihr Ebenbild im Spiegelchen entdeckt. Nun bewunderte sie sich, legte verzückt ihren Kopf auf die Seite, strich sich über das silberne Haar und schürzte ihre Lippen.

»Ahhh. Ohhhhh. Mmmmmm.«

Mückebär wollte gerade so leichtsinnig sein, sich über seine unerhört gute Nummer mit dem Spiegel zu freuen. Da griff die Eiskönigin mit ihren langen weißen Fingern nach dem Spieglein zwischen seinen Pfoten. Der Spiegel rauschte in die Luft und der winzige Eisbär mit ihm. Geistesgegenwärtig ließ Mückebär los und plumpste zurück auf den Eisboden. Das tat weh! Doch Mückebär rappelte sich auf und spähte vorsichtig am Eisbärenmantel empor. Die Eiskönigin hatte sich mit dem Spiegel in der Hand wieder zur vollen Mantelgröße aufgerichtet. Ihr Gesichtsausdruck war zärtlich geworden, während sie sich selbst im Spieglein bestaunte. Langsam und ohne den Blick von ihrem Ebenbild zu wenden, ging die »Herrscherin ewige Eisblume« auf den kleinen Eisstuhl zu, an dem sich immer noch Edla festklammerte. Dabei wischte sie erst Mückebär und dann die Eismöwe mit ihrem schweren Mantelsaum in eine Ecke neben dem Schrein. Jetzt waren sie wenigstens wieder zusammen. Mückebär rieb sich sein schmerzendes Hinterteil. Edla sortierte ihre Flügel und schaute den kleinen Eisbären verdattert an.

Die »Herrscherin ewige Eisblume« sank sanft auf das Stühlchen. Dann geschah etwas Seltsames: Die Eiskönigin wurde ganz klein und der wuchtige Mantel schrumpfte um sie herum zusammen. Da saß sie und war völlig in sich selbst versunken. Ihre Beine baumelten zufrieden hin und her. Der Spiegel hatte die mächtige, grausame Eiskönigin in ein kleines, eitles Mädchen verwandelt, das die Augen nicht von seinem Antlitz abwenden konnte. Doch wie lange würde dieser Zauber anhalten?

Mückebär löste sich aus seiner staunenden Versteinerung. Edla neben ihm war auch wieder aufgetaut. Doch sie warf ihrem Freund einen Blick zu, der bewies, dass sie noch nicht begriffen hatte, was sich in dem lang gestreckten Raum vor dem Schrein in den letzten endlosen Minuten zugetragen hatte. Mückebär stupste Edla an:

»Das ist unsere Chance, Edla! Schnell, schnapp dir den Schlüssel! Bevor das Kind wieder zur Bestie wird!« Das wirkte. Der winzige Eisbär hatte seine Aufforderung kaum ausgesprochen, da flatterte die Möwe schon vor den gläsernen Schreintüren. Mit ihrem scharfen Schnabel hackte Edla ein großes Loch in die Eisscheibe. Als sie zerklirrte, hob die Eiskönigin ihren Kopf. Sie ließ einen glasigen Blick durch den Raum schweifen, der über die beiden Freunde hinwegglitt. Auf der Stirn der »Herrscherin ewige Eisblume« zeigten sich drei tiefe Falten. Hatten sie das böse Kind nun bei seiner Selbstanbetung gestört? Den Bann des Spiegels gebrochen? Und damit ihr eigenes Todesurteil unterzeichnet?

Mückebär hielt den Atem an. Edla versuchte Kolibriflug: Lautlos schwirrte sie vor dem Schrein und erwartete das Schlimmste. Die Eiskönigin rückte sich auf ihrem Eisstuhl zurecht, zupfte ihren Mantel in Form und vertiefte sich wieder in ihr Ebenbild.

»Ahhh. Ohhh. Mmmm.«, hörten die Freunde wieder. Ihre Jagd auf die beiden Polartiere schien die Eiskönigin vergessen zu haben. Mückebär und Edla warfen sich einen Blick zu und bliesen gleichzeitig die Luft aus, die sie angehalten hatten. Ein knappes Kopfnicken besiegelte ihr Einverständnis. Mit einer kraftvollen Bewegung pickte die Eismöwe den Schlüssel von seiner Halterung. Mückebär nahm Anlauf und schlidderte auf durchgestreckten Beinchen zur Ausgangstür. Er war so flink, dass die Kerzenleuchter verpassten, nach ihm zu schnappen. Kaum war Edla über Mückebär durch die Türöffnung geschossen, lehnte sich der kleine Eisbär gegen die schwere Pforte und schob sie zu.

»Mach schon, Mückebär«, kommandierte Edla. Der winzige Eisbär war froh, Edla in der gewohnten Form wiederzuhaben.

Ein letzter Blick zurück hatte Mückebär bestätigt, dass die

Herrin des entsetzlich eisigen Eisschlosses noch immer in ihr Spiegelbild vertieft war. Doch wie lange würde ihr schönes Antlitz sie auf den Eisstuhl bannen? Leise zog der winzige Eisbär die Tür hinter sich zu.

22 Die letzte Tür

Schwer atmend machten sich Edla und Mückebär am letzten großen Tor des Gangs zu schaffen. Sie durften keine Zeit mehr verlieren. Den schweren Schneeschlüssel in das große weiße Schloss zu bugsieren war allerdings alles andere als einfach. Edla hielt den Schlüssel so im Schnabel, dass nur noch sein Bart herausschaute. Sie versuchte, möglichst wenig zu atmen, denn ein Schneeschlüssel konnte schließlich tauen. Und an diesem Schlüssel hing ihre letzte Hoffnung, die Eiskristalle doch noch zu befreien.

Edla versuchte Anflug um Anflug, aber der Schlüssel war zu schwer. Die Eismöwe sackte ab, sobald sie kurz vor dem Schlüsselloch ihr Tempo verringern musste, um richtig zu zielen. Versuch um Versuch verfehlte Edla das Schloss. Mückebär schaute bang nach oben. Schweiß sickerte durch seinen Pelz. Wenn Edla nicht bald den Schlüssel ins Schloss bekäme…

Da landete die Eismöwe neben Mückebär. Sie legte den Schlüssel auf den Boden und schaute ihren Freund durchdringend an.

»Es hilft jetzt nur noch Kamikaze, Mückebär«, sagte sie. »Mit dem Gewicht schaffe ich es nicht.« Damit begann sie, auf den Schlüssel einzuhacken.

»Was tust du da?«, schrie Mückebär auf. Mit wedelnden Armen tanzte er um Edla und den Schneeschlüssel herum. Der Vogel sollte sofort aufhören! Doch die Eismöwe kümmerte sich nicht um den Protest des Winzlings und hämmerte weiter auf den Schlüssel ein. Es klirrte leise und der Schlüssel brach in der Mitte entzwei. Mückebär starrte Edla fassungslos an. War sie verrückt geworden? Nun konnten sie ihre Mission vergessen! Kaputt! Kaputt, der Schlüssel, an dem ihre letzte Hoffnung gehangen hatte! Und was wurde jetzt aus den Polartieren?

Die Eismöwe pickte nach dem Schlüsselteil mit dem Bart, schoss in die Luft, drehte einen Looping und donnerte mit voller Geschwindigkeit auf das große Eistor zu. Mückebär verstand überhaupt nichts mehr. Es krachte. Federn flogen durch die Luft. Edla klatschte auf den Eisboden. Das Schlüsselende steckte im Schloss.

»Edla, um Himmels willen!«, fauchte Mückebär. »Bist du wahnsinnig?« Die Eismöwe rappelte sich auf. Ihr Schnabel war verbogen, doch sie grinste Mückebär an.

»Ich glaube ja. Aber es hat funktioniert! Komm rasch, bück

dich!« Damit schnappte die Eismöwe Mückebär an seinem Stummelschwänzchen und flog mit ihm direkt vor das Vorhängeschloss, in dem der abgebrochene Schlüssel steckte. Mückebär verstand: Er schlug seine Krallen und Zähne in den Stumpf des Schlüssels.

»Ferkich, Ekchla. Lokch!«, nuschelte er. Edla begann wild mit den Flügeln zu schlagen. Dabei hielt sie Mückebär weiter am Schwanz fest. Rundherum und immer rundherum flog die Eismöwe. Irgendwann war Mückebär so in sich verdreht, dass er keine Luft mehr bekam. Doch der Schlüssel rührte sich nicht. Vielleicht sollte dieses Abenteuer nicht gut ausgehen!?!

Mit einiger Anstrengung flog Edla noch einige Umdrehungen. Dann war es genug. Mückebär röchelte nur noch. Seine Augen traten aus den Höhlen und er konnte seinen eigenen Schwanz sehen. An dem hing immer noch Edla und flatterte und zerrte. Gleich würde seine Freundin ihm den Kiefer brechen und alles Blut aus ihm herauswringen. Und die Eiskönigin hätte ohne großen Aufwand ein neues Accessoire für ihren Mantel …

»Ikch … kchann … nikchcht … meehchr …«, hauchte der winzige Eisbär mit letzter Kraft. Da machte es »Klack«. Der Schlüssel schnalzte herum und Mückebär wirbelte wie ein

Brummkreisel durch die Luft. Hart landete er auf dem spiegelblanken Fußboden.

»Au! Warum hast du mich losgelassen?«, stöhnte der winzige Eisbär, kaum dass er wieder Luft bekam. »Willst du mich umbringen?« Mückebär drückte seine kleinen Pfoten gegen die hämmernde Stirn. Immerhin saß sein Kopf noch an der richtigen Stelle. Er schaute auf. Edla hockte neben ihm und strich ihr Gefieder glatt. Es schien sie nicht weiter zu interessieren, ob er noch ganz war, oder Mus.

»Pschscht!«, zischte sie nur.

✳✳✳

Wer sagte ihnen eigentlich, dass hinter diesem Tor nicht noch ein grässlicheres Biest lauerte als die Eiskönigin? Ein ausgehungerter Schneeleopard zum Beispiel … der ihnen mit einem Biss die Gurgel durchtrennen würde. Oder Tauwetter … das sie bis nach Hause verfolgen würde. Oder eine Gruppe Tou-ris-ten … die sie mit ihren blitzenden Fotoapparaten in einer Ecke des Raums festhalten würden … bis die »Herrscherin ewige Eisblume« käme und ihnen die Haut abzöge!

Allein beim Gedanken daran tat Mückebär alles weh. Seine Seele in der kleinen Brust fühlte sich wund an, sein Kiefer war wie zerschmettert, sein Körper ein einziger Schmerz. Die Eiskönigin würde ihr Spiegelbild sicher bald fertig bestaunt haben. Wenn Edla und er bis dahin nicht das Schloss verlassen hätten … Mückebär versuchte, nicht weiterzudenken. Doch es gelang ihm nicht. Vorne Gefahr, hinten Gefahr und in der Mitte wurde es auch brenzlig! Eine Chance, hier heile herauszukommen, gab es kaum noch. Fliehen konnten sie allerdings auch nicht: Edla und er hatten dem Kreis der Polartiere versprochen, den Winter zurückzubringen. Ohne die Eiskristalle konnten sie unmöglich nach Hause zurückkehren. Dann würde sie die Enttäuschung umbringen, – ihre eigene und die ihrer Freunde. Also lösten sie entweder ihr Versprechen ein, was unmöglich erschien, oder sie verlören beim Kampf um den Winter Kopf und Pelz, was wahrscheinlich war.

»Mückebär! Was ist? Schläfst du?« Edla fuhr wie ein Wirbelwind durch die düsteren Gedanken des Winzlings. »Los jetzt, hilf mir, die Tür aufzustoßen! Worauf wartest du denn noch?«

23 Knappe Rettung

Nach dem Kampf mit dem widerborstigen Vorhängeschloss hatten sich die beiden Freunde auf einen weiteren Kraftakt eingerichtet. Doch das große Schneetor aufzudrücken erforderte kaum Anstrengung. Mückebär hatte sich eben mit seiner rechten Schulter dagegen gelehnt, da sprangen die beiden Flügeltüren schon auf wie überreife Samenkapseln.

Ein eifriges Getuschel unzähliger kleiner, feiner Stimmen im Innern des Raums verstummte sofort. Doch das Stimmengeraschel war bereits in Mückebärs Bewusstsein gekrabbelt. Auch Edla hatte etwas gehört. Sie legte den Kopf schief und kniff die Augen zusammen. Die beiden Freunde lauschten mit offenem Mund. Jetzt hörten sie keinen Laut mehr, trotzdem: In dieser Kammer war jemand! War das eine Falle?

Aus dem Raum fiel ein breiter Strahl bläulichen Lichts in den Gang mit den vielen Türen. Der Schein umhüllte Edla und Mückebär wie ein weicher Mantel und strömte durch sie hindurch. Auf einmal fühlten sich die beiden Wintersucher froh und leicht wie Staubkörner in der Sonne. Eine Welle großer Zuversicht überspülte sie: Ja, sie konnten es schaffen, den Winter nach Hause zurückzubringen!

Überrumpelt von so viel frischem Mut setzte Mückebär einen beherzten Schritt in den Raum. Edla flatterte dicht über ihm. Es war, als beträten sie ein Iglu. Das weiche, blau-grüne Leuchten floss rundherum durch große, schwere Quader aus Eis. Mückebär dachte an seine Tauchgänge im Packeis. Wenn man unter den Schollen im Wasser schwamm, zog die Sonne grüne und türkise Pinselstriche in die dunkelblaue Wasserfläche und brachte unter der Eisdecke genau dieses geheimnisvolle Licht zum Leuchten. Wie hatte er diese Eismalerei geliebt!

Die Quader des Iglus strebten dicht über Edla und Mückebär zu einer glänzenden Kuppel zusammen. Es roch nach klarer Luft, als hätte es frisch geschneit. An den Wänden des Iglus zogen sich schmale Regale aus Schnee ringsherum, fünf Etagen übereinander. Mückebär und Edla sprachen kein Wort, doch sie wechselten einen Blick, der sagte: »Ist das wahr?« Was sie sahen, erschien den beiden Abenteurern wie ein Traum: Auf den Regalen saßen, dicht gedrängt und eines neben dem anderen hunderttausende von Eiskristallen. Sterne, kleine Spinnweben, Disteln, Kreise, Blumen, Sonnen und Sechsecke blinzelten sie erschrocken an. Edla und Mückebär blinzelten zurück. Hier standen sie. Dort saßen die Eiskristalle. Nach langer, gefährlicher Suche hatten sie die

Winterbringer endlich gefunden! Sie mussten sich nur noch auf den Heimweg machen. Doch Mückebär und Edla waren unfähig, irgendetwas zu tun: Jubeln ging nicht. Handeln ging auch nicht. Sie standen nur da und staunten.

Die Eiskristalle hatten ihre Befreiung herbeigesehnt. Viele Male hatten sie überlegt, was sie tun würden, wenn die Tür sich endlich öffnete. Sie hatten geplant, alle gleichzeitig hinauszustürmen, wenn die »Herrscherin ewige Eisblume« wieder einmal nach dem Rechten sah. Sie hatten die Eiskönigin überrumpeln, sie ins Iglu hineinwirbeln, die Tür zuschlagen und aus dem Schloss fliehen wollen. Keines von ihnen wollte länger hier eingesperrt sein! Doch auch keines von ihnen hatte sich gerührt, als die Tür aufsprang. Ungläubig starrten die Eiskristalle die beiden Polartiere an, die ins Iglu getreten waren und sie anstarrten. Alle verharrten bewegungslos, als posierten sie für ein Foto, das nicht verwackeln durfte. Wertvolle Zeit verstrich. Hätten sie länger gezögert, würde heute nur noch ein Foto an Mückebär, Edla und die Eiskristalle erinnern.

»Es … ist gar nicht die Eiskönigin«, flüsterte zum Glück eines der Eiskristalle. »Es sind … äh … eine Möwe … und ein winziger Eisbär!« Es kicherte. Da klirrte es fein, die Luft sirrte, es roch nach frischem Schnee. Mückebär fühlte sich, als kitzele ihn jemand zärtlich zwischen den Ohren. Auch Edla wurde von kribbelnder Fröhlichkeit erfasst. Tausende kleiner Wassertröpfchen schienen durch ihr Gefieder zu perlen. Sie plusterte sich wohlig auf. Alle Gefahr schien vergessen. Noch einmal gluckste das freche Eiskristall. Sein Gewand begann im bläulichen Licht zu strahlen und zu funkeln wie ein Edelstein.

»Hihi«, machte es, »hihihi«, und wieder »hihi«. Das brach den Bann. Die anderen Eiskristalle stimmten in das Gegiggel ein. Auch um Mückebär und Edla war es geschehen. Das Kichern überkam sie wie ein Gähnen, sich dagegen wehren war unmöglich. Schließlich glitzerte und vibrierte das ganze Iglu vor lauter Erleichterung. Es duftete nach frischem Schnee. Natürlich war es Edla, der die Albernheit bald zu viel wurde.

»Psssst, hört zu!«, knarrte sie. »Wir sind hier, um Euch aus der Gefangenschaft zu befreien. Kommt zu uns Polartieren zurück, nach Hause!« Edla breitete die Flügel aus: »Wir brauchen Euch, sonst müssen wir schwitzen und verhungern.« Mückebär schaute Edla traurig an und nickte.

»Was für ein Glück. Was für eine Freude«, giggelten und funkelten die Eiskristalle durcheinander. Sie begannen im Iglu umherzutanzen. Dabei sangen sie:

»Endlich hat die Langeweile ein Ende.
Wir können wieder lachen.
Freiheit! Freiheit! Behände, behände:
Lasst uns einen tollen Schneesturm machen!«

Feiner Schnee rieselte herab und überzog den Eisboden mit einem weichen Teppich. Ein tiefes, stilles Glück breitete sich in Mückebär aus. Er lächelte Edla an und die Eismöwe lächelte zurück. Da gab es einen ohrenbetäubenden Knall, nicht weit von ihnen entfernt. Den kleinen Eisbären durchfuhr ein heißer Schreck. Irgendwo war ein schwerer Stuhl umgefallen und etwas splitterte wie eine große Glasscheibe, die in abertausende Scherben zerbirst.

»Seid leise!«, zischte Mückebär. Er legte eine Pfote vor die Lippen, die andere an sein Ohr. Die Eiskristalle verstummten. Mückebär schaute zu Edla hinüber. Sie hatte ihr Sorgengesicht aufgesetzt und recht damit: Denn nun eilten entschlossene Schritte im Nebenraum auf die Tür zu. Die »Herrscherin ewige Eisblume« war aus ihrer Selbstverzauberung erwacht! Jetzt aber schnell!

»Folgt uns in Windeseile!« Damit drehte Mückebär sich herum und galoppierte den Gang mit den vielen Türen zurück zur

Eingangshalle. Über ihm schnitt Edla durch die Luft. Nach ein paar kräftigen Flügelschlägen schoss sie wie ein Pfeil durch den Torbogen in den Prunksaal. Hinter den beiden Freunden tobte ein glitzernder Schneesturm durch den Flur. Wer es nicht besser wusste, hätte meinen können, Eisbär und Eismöwe würden vor einem entfesselten Blizzard fliehen.

Sausend und schliddernd wirbelten Mückebär, Edla und die Eiskristalle durch den Saal auf das mächtige Eingangstor zu. Den rettenden Ausgang schon im Blick durchfuhr Mückebär eine Erinnerung, als hätte ihn jemand mit kochendem Wasser übergossen: Als sie das Schloss betreten hatten, war die kleine Tür im großen Tor hinter Edla zugefallen! Die Tür im Tor hatte keine Klinke zum Öffnen gehabt! Das Tor war so schwer, dass sie es nie würden öffnen können. Und nun gellte auch noch der Schrei der Eiskönigin durch den Gang mit den vielen Türen:

»Halt! Stehenbleiiiiiiiben! Ihrrr Eindrrringlinge!« Sie saßen in der Falle! Und sie hatten sie sich auch noch selbst gestellt! Warum nur hatte Edla die Tür hinter sich zufallen lassen?

Kaum hatte Mückebär das gedacht, begannen die Eiskristalle pfeifend um ihre Befreier herumzuwirbeln. Eismöwe und Eisbär wurden von einem glimmernden Wirbelwind erfasst, in die Luft gehoben und auf ein Kissen aus kichernden Eiskristallen geschleudert. Unter ihnen wickelte sich ein gewaltiger Wind um sich selbst. Aus der kreisenden Schneewalze wuchs ein Rüssel wie von einem weißen Mammut. Er posaunte einmal rundherum durch den Saal, holte aus und versetzte dem Tor einen donnernden Schlag. Es klirrte in sich zusammen und die Schneewelle spülte sie ins Freie. Edla und Mückebär begriffen kaum, wie ihnen geschah. Plötzlich schlidderten sie die Eisstufen des Schlosses hinunter, die sie vor Kurzem erst erklommen hatten.

»Wie lange ist das her?«, dachte Mückebär. »War das heute Morgen? Gestern? Oder vor vielen Tagen?« Doch der von allen Fesseln befreite Schneesturm ließ ihm keine Zeit zum Nachdenken. Er trieb die beiden Winterfinder vor sich her, sodass sie mehr wirbelten und stolperten, als zu fliegen und zu rennen. Hinter sich hörten sie wieder das wütende Geschrei der Eiskönigin.

»Halt! Stehenbleiben! Ihr Rrräuber!«, donnerte sie mit ihrer Nanoq-Brüllstimme. »Kommt zurück, Ihr Eiskrrristalle! Ihr gehörrrt mirrr!!! Und die beiden Diebe errrst rrrecht!«

Dann wurde es still in der wirbelnden Eiskristallwolke, die ihre Flucht deckte. Mückebär hörte das Pfeifen des Windes, das Gekicher der tanzenden Eiskristalle und ab und zu einen ausgelassenen Möwenschrei. Es duftete nach frischem Schnee. Die Pfoten des winzigen Eisbären flogen über den weichen, weißen Boden auf ihr Zuhause zu. Mückebär fühlte sich leicht wie eine Feder.

24 Was daheim geschah

Mit heissem Kopf und Gliedern, die aus Metall zu sein schienen, trottete Pontus durch Matsch und Wasserlachen. Sein weißes Fell war dreckig und hing matt an ihm herunter. Noch viel mehr als das störte Pontus der Geruch der modrigen Erde um ihn herum. Er konnte diesen Vorboten von Tod und Verwesung nicht mehr ertragen. Über Pontus' Diamantenaugen hatte sich ein milchiger Schleier gebreitet.

Wie hatte sein winziger Eisbärenfreund immer gesagt? »Aput kaputt.« Es schien ganz so, als würde Mückebär recht behalten. Und der Schnee war nicht das Einzige, was hier kaputt ging. Einige aus dem Kreis der Polartiere hätten sich gerne mit einer von Pontus' Geschichten trösten lassen. Wenn man schon auf sein Ende warten musste, dann wenigstens gut unterhalten. Aber zum Geschichtenerzählen hatte der Polarfuchs keine Lust mehr.

Seit Mückebär und Edla fortgezogen waren, um den Winter zurückzuholen, war einige Zeit vergangen. Längst kündigte sich der stürmische Herbst an. Schnee und Kälte hatten die Winde allerdings nicht gebracht. Keines der Polartiere glaubte noch daran, dass die beiden Abenteurer jemals zurückkommen würden, schon gar nicht in Begleitung der Eiskristalle. Erst hatte das keiner von ihnen zugeben wollen. Doch inzwischen sprachen sie offen darüber. Ihre Zuversicht, wenigstens die beiden mutigen Freunde wiederzusehen, war mit dem letzten Eis dahingeschmolzen. Die Eiskönigin hatte ihr grässliches Ziel erreicht. In der letzten Versammlung des Kreises der Polartiere hatten sie einige Minuten laut geheult, – jedes Tier auf seine Weise. So hatten sie der verlorenen Kameraden und der geschmolzenen Arktis gedenken wollen.

Einige Tage nach Edlas und Mückebärs Aufbruch hatten sie im Kreis der Polartiere darüber gestritten, ob sie nicht einen Suchtrupp losschicken sollten, um die Freunde zurückzuholen. Doch keines der Tiere war mehr kräftig genug gewesen, hinter Edla und Mückebär herzuwandern, nicht einmal Nanoq. Der Eisbärenkönig lag seit Wochen nur noch in seiner Höhle und versuchte zu schlafen. Gelang ihm das nicht, nagte der Hunger an seiner Seele. Illuq hatte aufgehört zu zanken und wartete an Nanoqs Seite auf ihr Ende.

Ja und er selbst, der von allen geliebte und geachtete Pontus, hatte es auch nicht riskiert, alleine loszuziehen, und nach den Freunden zu suchen. Die anderen Polartiere glaubten, er sei hiergeblieben, um auf sie aufzupassen und sie mit Geschichten aufzumuntern. Sie liebten Pontus dafür umso inniger. Doch dem Polarfuchs reichte, dass er selbst es wusste: Er war zu feige gewesen, denen beizustehen, die ihnen hatten helfen wollen. Er schämte sich dafür so sehr, dass er sein Ende beinahe herbeisehnte. Pontus seufzte. Lange hatte er versucht, sich selbst weiszumachen, dass er edel gehandelt hatte. Er hatte so getan, als sei es sicher, dass Mückebär und Edla zurückkommen würden. Dabei hatte er genau gewusst, in welche Gefahr die beiden sich begeben hatten – für sie alle. Er hatte sich belogen. Er hatte die anderen Tiere getäuscht. Er hatte seine Freunde im Stich gelassen. Am liebsten wäre er auf der Stelle in diesem stinkenden Schlick versunken.

***

Im Kreis der Tiere hatten sich gleichermaßen Hitze und Kälte ausgebreitet: Heiß brannte die Sonne auf sie herab, alle schwitzten. Kalt war es in ihrem Inneren geworden. Jede Freude und Hoffnung auf Rettung waren verschwunden. Und sie hungerten.

Pontus lief durch die Siedlung, vorbei an Nanoqs Höhle. Aus ihr drang leises Wimmern. Deva und Qanik waren die Einzigen, denen es nicht recht geschah, dass sie nun hungern, leiden und sterben mussten. Die beiden Eisbärenkinder trauerten von Herzen um ihren Freund Mückebär, den die Großen so jämmerlich allein gelassen hatten.

Nicht weit von der Eisbärenhöhle entfernt lagen die Robben in der Sonne, unfähig, sich zu rühren. Das war nicht ungewöhnlich, doch diesmal hatten die Robben nicht unzählige Fische im Magen, sondern der Hunger hatte ihre Bäuche aufgeblasen. Der Moschusochse stand am Ufer ihrer Bucht bis zu den Knien im aufgeweichten Erdboden. Er leckte über den Schlamm und blökte leise vor sich hin.

»Wahrscheinlich stellt er sich wieder vor, dass er saftiges Gras, Flechten und Moose frisst«, dachte Pontus. »Hoffentlich schafft er es, allein aus dem Morast wieder herauszukommen.« Es wäre nicht das erste Mal, dass er den dämlichen Ochsen retten müsste. Wo der überall schon eingebrochen und stecken geblieben war! Das ging auf kein Polarfuchsfell. Noch vor ein paar

Moschusochsen werden bis zu 400 Kilogramm schwer. Sie sehen zwar behäbig aus, sind aber sehr schnell: Moschusochsen können Geschwindigkeiten bis zu 60 Kilometer pro Stunde erreichen.

Wochen hätte Pontus dem Moschusochsen sofort und gerne seine Hilfe angeboten. Nun schlich er vorbei, so leise es ging.

Das Walross und die Polarhasen hatte Pontus schon lange nicht mehr gesehen. Sie waren auch zur letzten Versammlung nicht erschienen. Das verhieß nichts Gutes. Wahrscheinlich waren sie den Jägern aus dem Inuitdorf in die Hände gefallen.

An seiner Höhle angekommen ließ Pontus sich schwer in den Matsch plumpsen. Er schlief sofort ein und wurde von einem Albtraum geplagt, den er schon etliche Male geträumt hatte: Die »Herrscherin ewige Eisblume« hatte Mückebär und Edla erwischt. Unter schallendem Gelächter zog sie ihnen Fell und Federn ab, erst Mückebär, dann Edla. Als Pontus den Freunden zur Hilfe eilen wollte, rief die Eiskönigin: »Da ist ja auch mein Krägelchen!« Dann packte sie auch Pontus und zog ihm das Fell über die Ohren. Nun baumelten die Trophäen ihres Sieges über die Polartiere an ihrem scheußlichen Mantel.

25 Glückliche Heimkehr

Pontus schlief schlecht. In dieser Nacht stolperte er von einem Albtraum in den nächsten. Sein Kopf pochte, sein Magen knurrte, sein Gewissen biss ihn mit scharfen Zähnen. Pontus ließ es sich gefallen. Er hatte es verdient, dass er keine Ruhe mehr fand. Der Gedanke, dass es sehr bald sehr still um ihn werden würde, erschien dem Polarfuchs tröstlich.

Mit schwarzem Blick starrte Pontus in die Ferne des herannahenden Morgens. Schon schob der weiße Sonnenball den schwarzgrauen Himmel beiseite und überzog das Land mit einem warmen Licht, Silber wich Gold. Das sah wunderschön aus. Doch Pontus wusste: Das Schauspiel kündigte einen weiteren, viel zu heißen Tag in der Arktis an. Mit dem Morgen erhob sich auch der Modergeruch wieder. Der Polarfuchs schloss die Augen. Vielleicht würde er doch noch etwas Ruhe finden. Schlafen wollte er lieber nicht. Die Albträume waren kaum auszuhalten. Pontus wartete, auf Hilfe, auf den Tod, worauf genau wusste er selbst nicht. Aber es fragte ja auch niemand danach. Als er eine Weile vor sich hingedöst hatte, spürte er hinter seinen geschlossenen Lidern, dass die Morgensonne sich verdunkelte.

»Es wird eine Wolke sein, die sich kurz vor den brennenden Himmelsball geschoben hat, um mich zu täuschen«, dachte der Polarfuchs und mass dem Schatten in seinem Gesicht keine Bedeutung bei. Viel zu oft schon hatte er freudig die Wolken am Himmel begrüßt, die dann kurz darauf von der unbarmherzigen Sonne weggebraten worden waren. Er hatte keine Lust mehr auf dieses Spiel. Doch die Helligkeit kehrte nicht zurück. Außerdem spürte Pontus einen eisigen Wind, der über den Boden in sein klebriges Fell kroch. Einen Moment noch stellte der Polarfuchs sich stur, dann öffnete er seine Augen.

Pontus konnte nicht glauben, was er da am Himmel sah. In weiter Ferne zwar, aber ganz deutlich! Er kniff ein paar Mal die Augen zusammen und starrte dann wieder zum Horizont. War das wahr? Pontus erhob sich. Er schüttelte seinen trüben Kopf und sein schmieriges Fell kräftig aus. Ging er wieder einem Traum auf den Leim oder einer nicht zu bändigenden Hoffnung? Aber doch, es musste stimmen: Der untere Teil des Horizonts hatte sich pechschwarz verfärbt, darüber war es silbergrau. Ein paar Strahlen der unbarmherzigen Sonne ließen die Fläche zwischen Pontus und der heranrollenden schwarzen Wand noch wässrig aufglänzen. Aber die Fläche schrumpfte wie ein Tuch, das von einer unsichtbaren

Hand fortgezogen wurde. Pontus konnte dabei zuschauen, wie die Schwärze das Licht verschluckte. Das war das Schönste, was er sich vorstellen konnte. Sein Herz machte einen Luftsprung. Da näherte sich ein Schneesturm! Ein Blizzard – und er rauschte mit gewaltiger Geschwindigkeit auf Pontus zu.

»Eeehhhääää …«, quiekte der Polarfuchs. Er hatte »der Winter kommt« schreien wollen. Seine Freunde aus dem Kreis der Polartiere mussten sofort Bescheid wissen! Ihre Rettung nahte! Doch Schrecken, Glück und Überraschung steckten dem Polarfuchs im Hals wie eine dicke Kröte.

»Eeehhhääää!« Pontus musste kräftig husten.

Als die Kröte verschwunden war, sah der Polarfuchs aus wässrigen Augen, dass alle Tiere aus ihrem Kreis vor ihre Höhlen und Unterschlüpfe getreten waren. Sie starrten auf die schwarze Wand, die auf sie zubrauste. Schon wirbelte der eisige Wind die Ohren der Polarhasen herum und zauste das zottelige Fell des Moschusochsen. Das Walross war wieder aufgetaucht, mit vom Sturm streng nach links gebürsteten Barthaaren. Sogar Nanoq hatte den Schnee gewittert. Er war mit seiner Familie vor den Höhleneingang gekommen. Bei allen guten Geistern, wie abgemagert er war! Der König konnte sich kaum auf den Beinen halten.

Wenige Sekunden später hörten die Polartiere ein Kichern wie von tausend Stimmen. Dann überschlug sich die riesige Schneewelle und unzählige lachende, singende und tanzende Eiskristalle prasselten auf sie herab. Auf dem Kamm der Schneewelle ritten jubelnd ihre beiden Helden: Mückebär und Edla.

26 Schnee bleib bei uns!

Es stürmte und schneite den ganzen Tag, die ganze Nacht und den ganzen nächsten Tag. Der Blizzard klebte jubelnd glitzernde Flocken überall dorthin, wo es zuvor matschig und braun gewesen war. In dem Gewirbel der Eiskristalle waren die Tiere einander um den Hals gefallen. Zuerst hatten Mückebär und Edla Pontus umarmt, dann Nanoq, Qanik und Deva begrüßt, schließlich auch die anderen Tiere. Alle hatten einander gedrückt und bejubelt. Die Hasen waren um Edla herumgehoppelt und hatten sie mit Schneebällen beworfen, die wie ihre kleinen Schwänzchen aussahen. Illuq hatte Mückebär über den Kopf gestreichelt. Schließlich hatte Nanoq sogar den Moschusochsen umarmt. Einigen Tieren kullerten vor Freude Tränen aus den Augen – doch die gefroren in der Eiseskälte sofort zu glitzernden Perlen. Das Leid und die Angst und der Hunger der letzten Monate waren weggefegt wie Pulverschnee.

Die Tiere feierten und tanzten den ganzen Tag, die ganze Nacht und den ganzen nächsten Tag. Gemeinsam schlidderten sie zu ihrer Bucht hinab. Der Weg zum Wasser führte nun wieder über eine hart gefrorene Schneedecke und vor der Küste trieben dicke Schollen aus Packeis. Am Ufer hatten sie sich ein üppiges Festmahl schmecken lassen. Dann waren sie auf prallen Bäuchen im Schnee herumgekugelt und hatten viel gelacht. Vor den Menschen mussten sie im Schneesturm keine Angst haben. Die blieben bei solch herrlichem Wetter in ihren Häusern.

Edla und Mückebär mussten etliche Male erzählen, wie sie ins entsetzlich eisige Eisschloss der »Herrscherin ewige Eisblume« gelangt waren, was sie dort im Gang mit den vielen Türen erlebt hatten und wie ihnen die Befreiung der Eiskristalle knapp gelungen war – mit der zornig kreischenden Eiskönigin dicht auf den Fersen.

Als es wieder Abend wurde, waren die Polartiere so müde, dass sie sich alle nebeneinander in einer Höhle zusammenkuschelten und sofort einschliefen. Die Eiskristalle stürmten und tanzten noch ein wenig weiter. Doch irgendwann wurden auch sie müde und legten sich schlafen.

In dieser Nacht träumte Mückebär von einer großen, orangen Sonne. Böse grinsend zog sie über den Himmel, stach ihnen in Haut und Augen und verwandelte den wunderbar duftenden, knirschenden Schnee in eine riesige Wasserlache. Wer von ihnen in all dem Wasser nicht sofort ertrank, musste elend verhungern.

Dabei hatten sie doch gerade erst alle miteinander gelacht und gefeiert! Nass wie nach einem Bad erwachte der winzige Eisbär. Um ihn herum grunzten und schnarchten seine Freunde im Gleichklang. Qanik entwich beim Ausatmen ein feines, pfeifendes Geräusch. Aus dem Maul seines Vaters kamen Stoßwinde, in denen die Ohren der Polarhasen hin und her flatterten. Alle Tiere aus ihrem Kreis waren da. Nein, Moment, Edla war verschwunden! Schnell rappelte Mückebär sich auf und lief aus der Höhle nach draußen.

Es war eiskalt. Überall lag frischer Schnee bis weit hinunter zur Bucht. Mückebär hörte das feine Knirschen und Klacken der Eisschollen, die auf dem Wasser trieben und einander freundschaftlich schubsten. Erleichtert sog der winzige Eisbär die eisige Luft ein. Doch die Angst aus seinem Traum saß ihm im Pelz: Was, wenn es wieder wärmer würde? Wenn der Schnee schmelzen und die Erde und den stinkenden Schlick wieder freigäbe? Was, wenn die Eiskönigin ihnen die Kristalle abermals rauben würde? Wo waren sie überhaupt, die weißen, kichernden Gesellen?

»Aput kaputt?« Besorgt schaute der kleine Eisbär zum Himmel hinauf. Da erkannte er Edla, die sich gerade im Sturzflug vom blaugrauen Himmelsdach herunterfallen ließ. Sie schien in der letzten Nacht neu geboren worden zu sein, so frisch und jung und voller Kraft wirkte sie. Mückebär winkte seiner Freundin zu. Edla antwortete dem winzigen Eisbären mit einem ausgelassenen Möwenschrei.

Als Edlas Ruf verhallt war, hörte Mückebär ein leises Kichern in der Luft. Dann begann es zu schneien.

Anhang
Klimawandel: Was geht Dich das an?

Nun hast Du viel darüber erfahren, was in der Arktis passiert. Die Geschichte über Mückebär, Edla und den Raub der Eiskristalle habe ich mir zwar ausgedacht. Doch dass es in der Arktis taut, stimmt leider. Das Eis schmilzt sogar rasend schnell. Viele Tiere, die in der Arktis leben, sind gefährdet – allen voran der Eisbär. Die Temperaturen steigen aber nicht nur am Nordpol, sondern überall auf der Welt. Auch den Tieren am Südpol, in der Antarktis, schmilzt ihr Lebensraum weg. Das passiert, während Du das hier liest.

Darum ist es wichtig, dass jeder von uns mithilft, die Erwärmung des Klimas zu bremsen. Menschen produzieren Treibhausgase. Aktuell gelangt dadurch in jeder Sekunde so viel Energie in die Atmosphäre, wie in 500 000 Blitzen steckt.

Wenn wir alle so viel Energie wie möglich sparen und dabei konsequent bleiben, können wir die Eisbären und ihre Leidensgenossen vielleicht noch retten. Damit hilfst Du auch Dir selbst. Oder möchtest Du in einer Welt leben, in der Artensterben und Naturkatastrophen die Regel sind? Die Erde braucht Dich!

Zehn Tipps zum Klimaschützen

1 Verringere Deinen CO_2-Verbrauch.
Der CO_2-Verbrauch ist Dein »ökologischer Fußabdruck«. Er zeigt, wie sehr Dein Lebensstil das Klima belastet. Dein Fußabdruck schrumpft, wenn Du das Licht hinter Dir ausknipst oder Elektrogeräte richtig ausschaltest, statt sie auf Stand-by zu stellen. Frag Deine Eltern nach Eurem Energiemix. Wenn Haushalte Strom aus erneuerbaren Energien verwenden, kann das schon viel bewirken. Es kann sinnvoll sein, ein altes Elektrogerät durch ein neues zu ersetzen: Ein Röhrenfernseher verbraucht mehr Energie als ein Flachbildfernseher. Doch man muss genau hinschauen, denn die Produktion technischer Geräte verbraucht ebenfalls Energie und Rohstoffe. Ein neues Smartphone spart über seine gesamte Lebensdauer weniger Energie, als für seine Herstellung verbraucht wird. Wenn Du die Heizung nur 1 Grad Celsius herunterdrehst, sparst Du 235 Kilogramm CO_2 pro Jahr. Steig nur ins Flugzeug oder ins Auto, wenn es nicht anders geht. Leg kurze Strecken zu Fuß, mit dem Fahrrad oder den öffentlichen Verkehrsmitteln zurück.

Deinen ökologischen Fußabdruck berechnen kannst Du hier:
www.wwf.ch/de/nachhaltig-leben/footprintrechner

2 **Iss weniger Fleisch und trink weniger Milch.**
Die Produktion von Fleisch und tierischen Produkten, auch von Milch, verbraucht viel Energie. Außerdem erzeugen Nutztiere sehr viel Methangas – genau, sie pupsen viel. Deswegen belastet es die Atmosphäre, wenn wir viel Fleisch essen. Iss nur ein- oder zweimal in der Woche Fleisch und überzeuge auch Deine Eltern und Geschwister davon. Dabei zählt übrigens nicht nur das Schnitzel, sondern auch die Salami auf Deinem Pausenbrot.

3 **Kauf Nahrungsmittel in Deiner Nähe.**
Mama und Papa hören nie auf Dich? Vielleicht ändert sich das. Erkläre ihnen, wie wichtig es ist, auf das Herkunftsland der Esswaren zu achten. Dann unterstützen sie Dich bestimmt. Warum sollten Äpfel und Tomaten eine Flugreise machen müssen, um von Dir gegessen zu werden? Der Bauer nebenan verkauft auch welche. Oft schmecken diese Früchte sogar besser, weil sie reif werden dürfen, bevor sie geerntet werden. Und nebenbei sichert das auch dem Bauern, Marktfahrer und Tante-Emma-Laden um die Ecke das Überleben.

4 **Vermeide Verpackungen.**

Begleite Großvater zum Einkaufen. Nimm einen Baumwollsack mit. Wenn Großvater Obst und Gemüse in einen Plastikbeutel stecken will, drück ihm den Baumwollsack in die Hand. Denn wer unnötige Verpackungen vermeidet, hat nicht nur weniger Abfall, sondern schont auch die Umwelt. Manchmal geht es nicht ohne Verpackung. Dann achte darauf, dass sie aus Papier oder Pappe ist und nicht aus Plastik.

5 **Verwende Dinge mehrmals und repariere sie.**

Die sogenannte »Wegwerfgesellschaft« ist zu einem guten Teil für unsere Umweltprobleme verantwortlich. Wirf unbeschädigte Dinge nicht einfach fort, wenn sie Dir nicht mehr gefallen. Versuch lieber, Shirts, Bücher oder Spielzeuge mit Deinen Freunden zu tauschen. Wenn mal etwas kaputtgeht, probier es zu reparieren. Und wenn Du gleich beim Kauf zu guter Qualität greifst, hast Du auch länger Freude an den Dingen.

6 **Entsorge Abfälle richtig.**

Ist etwas wirklich nicht mehr zu retten, entsorge es richtig. Das gilt nicht nur für Papier und Flaschen, sondern auch für

Plastikabfälle, Computer oder Handys. Oft können Bestandteile Deiner Abfälle von Fachleuten recycelt werden.

7 **Wasche und trockne Wäsche clever.**
Die meisten T-Shirts und Jeans kann man mehrmals anziehen, bevor sie gewaschen werden müssen. Denk daran, bevor Du sie in die Wäsche tust. Wenn Du Deine Kleidung dann noch an der Luft trocknest, statt sie in den Wäschetrockner zu stopfen, dankt Dir das nicht nur der Eisbär. Vielleicht kannst Du Papa beim Wäscheaufhängen helfen …

8 **Nimm die Treppe statt den Aufzug.**
Wenn Du die Treppen hinauf- oder hinunterspringst, statt den Lift oder die Rolltreppe zu nehmen, sparst Du Energie – und verbrennst gleichzeitig Kalorien. Dann schmeckt das nächste Eis gleich doppelt so gut.

9 **Pflanze einen Baum.**
Klingt albern? Überhaupt nicht! Natürlich wird es etwas dauern, bis er groß ist. Doch schon ein einziger ausgewachsener Baum kann einen großen Teil der Treibhausgase ausgleichen, die

Du in Deinem Leben produzieren wirst. Es kommt auf jeden Baum an. Am besten entscheidest Du Dich für eine heimische Art.

10 Geh den Großen auf die Nerven.

Du selbst kannst den Klimawandel bremsen. Geh Deinen Eltern, Großeltern, Nachbarn und Freunden ruhig ein bisschen auf die Nerven, vor allem beim Einkaufen: keine Plastikverpackungen, keine Plastiktüten, keine Plastikstrohhalme! »Kannst Du mir die Hose flicken, ich will keine neue?! Können wir Obst und Gemüse nicht auf dem Markt kaufen?« Außerdem: Nicht bei offenem Fenster heizen! Zu Fuß gehen! Das Wasser abstellen, wenn Du Dir die Zähne putzt oder die Haare einseifst! Deine Hartnäckigkeit wird sich auszahlen.

Mückebär und Edla sagen Danke.

Quellenverzeichnis

Für die Hintergrundinformationen über den Klimawandel, das Leben der Polartiere sowie für die Umweltschutztipps habe ich folgende Quellen verwendet:

- Baur, Manfred (2019): Klima. Eiszeiten und Klimawandel. Was ist was? Band 125. Nürnberg: Tessloff Verlag.
- Canadian Wildlife Service: www.canada.ca/en/environment-climate-change/services/species-risk-public-registry/cosewic-assessments-status-reports/polar-bear-2018.html
- French, Jess / Keoghan, Angela (2019): Wale retten, Igeln helfen, Erde schützen. München: ars Edition.
- https://m.geo.de/geolino/natur-und-umwelt/4830-rtkl-tierkinder-kleine-eisbaeren
- https://public.wmo.int/en/media/news/reported-new-record-temperature-of-38%C2%B0c-north-of-arctic-circle (23.6.2020)
- Latreille, Francis (2006): Die Arktis für Kinder erzählt. München: Knesebeck.
- Lexikon grönländisch: https://de.glosbe.com/de/kl

- Mack, Lorrie (2006): Arktis und Antarktis. Starnberg: Dorling Kindersley.
- Taylor, Barbara (2012): Arktis und Antarktis. München: Dorling Kindersley.
- Woodward, John (2008): Klimawandel. Ursachen, Auswirkungen, Perspektiven. Hildesheim: Gerstenberg Verlag.
- www.br.de/klimawandel/meeresspiegel-steigt-klimawandel-meer-eis-eisschmelze-pole-100.html (17.11.2018)
- www.daswetter.com/nachrichten/wissenschaft/klimawandel-hitzewelle-bringt-in-sibirien-rekordtemperaturen.html (22.6.2020)
- www.nature.com/articles/s43247-020-0010-1 (20.8.2020)
- www.nzz.ch/panorama/eisbaeren-koennten-wegen-dem-klimawandel-bis-2100-aus-der-arktis-verschwinden-ld.1567453?kid (21.7.2020)
- www.srf.ch/kultur/gesellschaft-religion/wochenende-gesellschaft/co2-fussabdruck-im-internet-surfe-ich-das-klima-kaputt (5.7.2020)
- www.sueddeutsche.de/wissen/klimawandel-arktis-eis-polarmeer-1.5100050 (2.11.2020)

- www.vogelundnatur.de/vogelarten-eismoewe/
- www.wetteronline.de/wetterticker/alarmierende-klima-prognose-der-wmo-202007097963306 (10.7.2020)
- www.sueddeutsche.de/panorama/kanada-kampf-um-die-eisbaeren-1.50167 (17.5.2010)
- www.wwf.de/themen-projekte/projektregionen/arktis/arktis-ohne-eis (30.9.2020)
- www.wwf.ch/de/tierarten/eisbaer-imposanter-jaeger
- www.wwf.ch/de/tierarten/polarfuchs-angepasster-arktisbewohner
- www.wwf.de/themen-projekte/projektregionen/arktis/braende-in-sibirien/ (9.7.2020)
- www.zdf.de/nachrichten/panorama/klimawandel-sibirien-hitze-feuer-100.html (7.7.2020)